トランプに学ぶ現状打破の鉄則

橋下徹

はじめに

ドナルド・トランプ、アメリカ大統領。

2017年1月20日の就任後、彼はアメリカ国内だけでなく、国際社会をとにかく引っ掻き回している。それで世界中のインテリ層から猛批判を受けているけれど、最近、アメリカ国内での支持率は徐々に上昇しているらしい。アメリカ国民は、インテリ層よりもいち早く、彼の「現状打破」の力とチャレンジする姿勢を評価しはじめたのかもしれない。

今の時代、解決しなければならない課題は山積している。そして、その課題はいずれも難題で、何か解決策を講じれば、必ず反発が出るようなものばかりだ。すべてを丸く収める方法はなく、ひとつ問題を片付ければ、また別の問題が噴出する。

このような課題について、インテリ層のように口だけで論じることはいくらでもできるけど、実際に行動を起こすのはなかなか難しい。的確に優先順位を定め、多少の犠牲も覚悟した上で行動しなくてはいけないからだ。政治家に限らず、そんなことができる人間はかなり少ない。

そして結局、現状がそのまま維持されてしまう。

だからこそ、現状を打破する力とそのチャレンジが求められるのだ。

巷には、その方法論についてインテリ層が書いた本がいくつもある。でも、そもそも現状打破の力があるとも思えないインテリ層が書いた「現状打破の方法論」など、クソの役にも立たない。

現状打破は、観念論・抽象論ではなく、実践論だ。

トランプ大統領の政策には、賛否両論いろいろあるだろう。だけど、彼の現状打破の力を否定することはできないはずだ。

彼の態度振る舞いには、「現状打破の鉄則」が詰まっている。現状打破の鉄則を地でいっている。

この本は、トランプ大統領の政策について論じる単純な政治評論本ではない。政治家時代、同じく現状打破に力を入れてきた僕が、彼の態度振る舞いから現状打破の鉄則を抜き出し、分析した本だ。

彼とまったく同じような態度振る舞いを日常生活ですれば、友人・知人・取引先を確実に減らすので、真似するのは絶対にやめたほうがいい。しかし、膠着した事態を打開する必要があるとき、ここぞというときには、トランプ的現状打破の鉄則が大いに役立つと思う。繰り返しになるが、道を拓くのは、現状打破の力とそのチャレンジしかないのだ。

なお本書は、プレジデント社から配信している僕のメルマガ「問題解決の授業」の内容を、大幅に加筆修正してまとめたものである。

橋下 徹

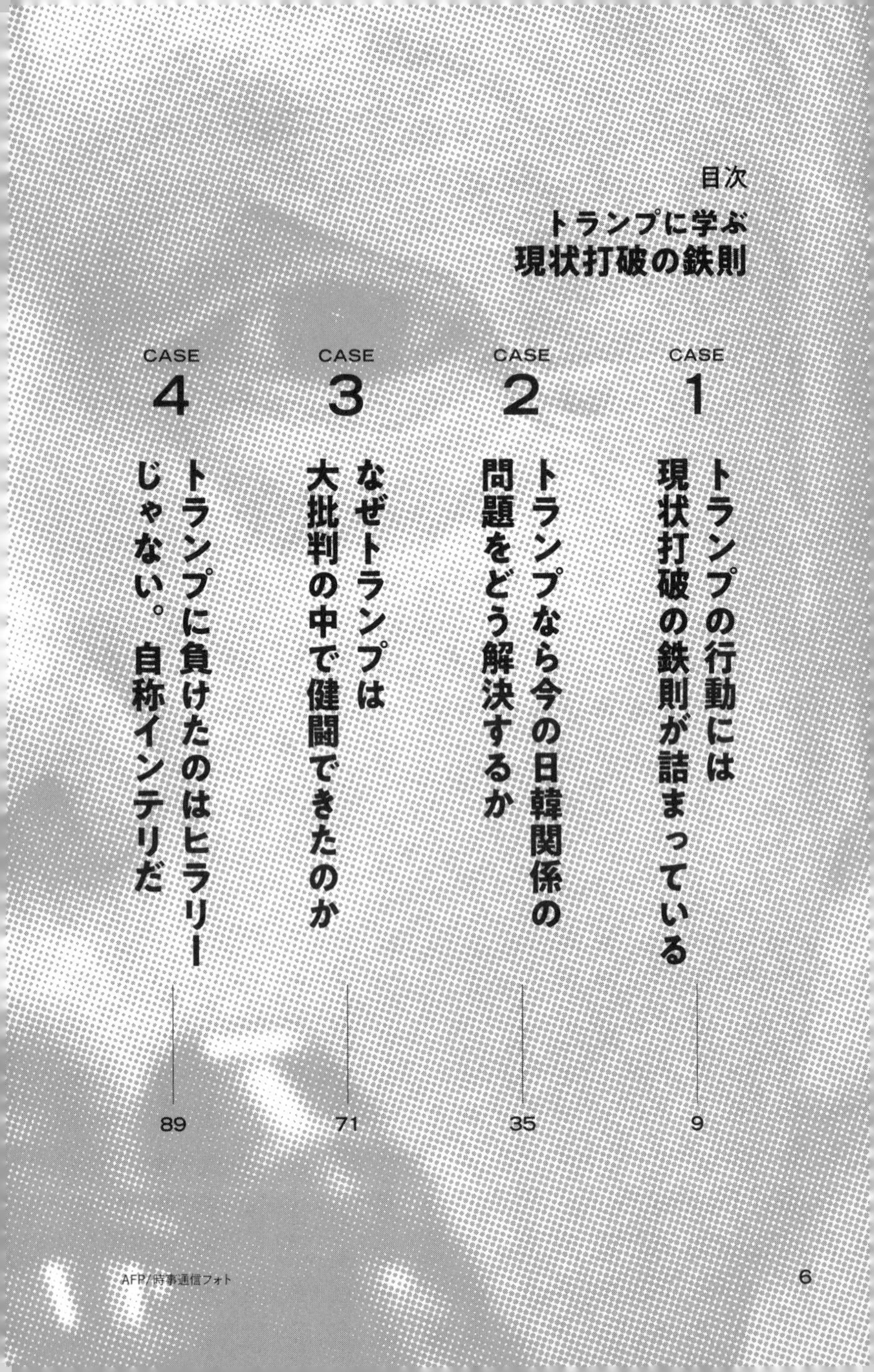

目次

トランプに学ぶ 現状打破の鉄則

AFP/時事通信フォト

本文は、メルマガ「橋下徹の『問題解決の授業』」に
大幅な加筆・改定を行い、新たな書きおこしを加えて編集しています。

CASE

1

トランプの行動には現状打破の鉄則が詰まっている

Donald J. Trump

The Corrupt News Media is totally out of control - they have given up and don't even care anymore. Mainstream Media has ZERO CREDIBILITY - TOTAL LOSERS!

12:04 – 2019.6.15

フェイクニュースどもは完全に狂っている。諦めて何も気にしないことにしたのか。大手マスコミの信頼度はゼロだ。負け犬どもが！

自称インテリは、トランプを酷評しているけど

トランプについては、学者やコメンテーターなどいろいろな「自称インテリ」が、大統領就任以来ずっと「**バカだ**」「**あいつはむちゃくちゃだ**」と批判している。でも、僕はトランプを評価している。トランプのおっちゃんの言動には「現状打破の鉄則」が詰まっているんだ。

僕自身をトランプと並べるつもりは毛頭ないけど、僕が政治家時代にやってきたことと、トランプが今やっていることには共通点も多い。僕やトランプが「破壊者」として求められた時代の状況も似ている。だから、**一見むちゃくちゃな彼の行動が、膠着した現状を打破するためにどんな考えから導き出されているか**、僕は自称インテリよりも理解していると自負している。

まず、トランプはバカじゃない。僕はアメリカに行って、実際にトランプタワーも見てきた。あのド派手なビルの趣味がいいとは思わないけど、浮き沈みはあっても不動産業であれだけ成功するのはすごい。誰にでもできることじゃないよ。そして、成功している事業家に「バカ」はいない。

彼の自伝を読む限り、ものすごいハードワーカーで勉強家でもあるようだ。そして、後述するけど、**トランプの発言、態度振る舞いは、実践的交渉術として非常に戦略的**でもある。

それに、トランプはむちゃくちゃな「礼儀知らず」でもないらしい。そもそも、トランプと実際に会ってある程度しゃべったことがある「自称インテリ」って、ほとんどいないんじゃないかな。会ったこともないのに、アメリカのメディアのバイアスのかかった報道を見て、「あーだこーだ」と偉そうに言ってるだけ。

僕は、**安倍晋三首相から「トランプ氏はゴルフでも礼儀正しかった」と直接聞いた**し、安倍さんが大統領選直後にトランプタワーを訪れたとき、警備上の安全性を無視してまで安倍さんを1階まで見送ったトランプの姿を映像で見ている。彼が「政治家」というより「ビジネスパーソン」だから、客を丁寧に送り出すことが習慣になっているのかもしれないけれど、ここまでする大統領はなかなかいないよ。

大前提として、**トランプが醸し出すあの「悪役感」は間違いなく彼の演出**だ。悪役キャラで通すことには、大きく2つのメリットがある。

1つめは、人に強いインパクトを与え、自分のメッセージを世間に広く浸透させられること。

政治家は、無名よりも有名であるべし。自分のメッセージをより多くの人に伝え、より多くの人に支持されてナンボの世界だ。いくら「いいこと」を言っていても、誰も聞いてくれなかったら、それを実現しようがない。だから、自分の政策を実現するために、多くの支持を受けられるよう、ある程度の「演出」をするのは当然だ。ただし、自分の今の地位を守るために、保身の意味でイメージづくりをするのは言語道断だけどね。

小池百合子さんが都知事選のときに打ち出した、「都議会冒頭解散」というメッセージもそうだし、その後大騒ぎした築地市場の豊洲移転延期の件やオリンピック会場の再検討の件も、狙っているのは「インパクト」。

「善人」として強いインパクトを与えられれば、そりゃもちろんそのほうがいいけど、

善人イメージをつくるには時間がかかるし、何より難しい。トランプはテレビに出演していたこともあるから、その経験からイメージづくりについて学んでいる部分も大きいかもしれないね。

僕のテレビに出ていた経験からすると、芸能人でも毒舌の「悪役演出」をしている人は結構多い。でも、テレビに出ていないときの顔は、みんなとても知的で、礼儀知らずでもなんでもない。本当に悪い奴だったら、テレビ業界になんか残っていられないよ。

2つめは、**実際に会ったときのギャップによって「交渉力」が上がる**こと。

ガンガン言う「悪人キャラ」の人が、実際に会ったときに愛嬌のあるところを見せると、それだけで多くの人はほだされてしまう。「実はいい人なんだ！」ってね。現状を打破するための**交渉の基本は、「脅し」「利益・譲歩」「お願い」**。

最初に悪人キャラを強烈に出すと、そのあとちょっと「善人」な部分を見せるだけで、相手は結構安心するし、ホッとする。それだけで相手は利益を得たように感じてしまうんだ。**これを「仮想の利益」という。**

こちらはなんの持ち出しをしなくても、相手が勝手に利益を感じてくれるんだから、やらない手はない。

僕も若い頃は茶髪にジーパンで、無理して（笑）頑張っていたけど、それもある種の演出だ。茶髪なんて、よく考えたらどうってことないのに、当時は、弁護士が茶髪にするだけでちょっとした話題になったんだ。あの頃は、その出で立ちで少し敬語を使っただけで「礼儀正しいんですね」と評価されたり、「よく笑うんですね」と喜ばれたりもしたね（笑）。

閣僚とトランプの発言がバラバラなのは、ポーカーの戦略だ

トランプも、パーティなんかで会うと、一緒に写真を撮ってくれたり、サインをしてくれたり、ものすごく愛想がいいらしい。それまでどんなイメージを持っていたとしても、一国の大統領にそんなことされたら、「実はいい人なんだ！」って有権者が

ほだされちゃうのは当然だよね。

トランプは、２０１６年11月に安倍首相がトランプタワーを訪問したときにもそれをやった。それまで日本をバッシングしまくっていたのに、安倍さんと会ったらそんなことはまったく言わないんだ。見事だよね。

そういうところで交渉相手と強い人間関係をガシッとつくるから、何かあったときにお互いに譲歩する土台ができる。これは、理想論ばかりだったオバマ前大統領に足りなかった部分だ。

トランプは、世界各国の弱い部分＝急所を見つけ出して、ツイッターなどでそこを突いてくる。でも、直接会ったときには、そんなことおくびにも出さず、旧くからの友人のように振る舞う。そうすると、それだけで**相手は勝手に「利益」を得たと感じてくれる（仮想の利益）**んだから、すごい交渉力だよ。日本も中国も、トランプのこの手にすっかり乗せられてしまっているね。

トランプの交渉術としては、次のようなものもある。

まず、**トランプと閣僚や側近たちの発言が、いちいち一致していない**んだ。これを「トランプは政治の素人だから、組織内の調整や政治的な調整もせずに思い付きで言い放っているにすぎない」と見る人もいる。だけど、僕はそうじゃないと思う。トランプは根っからのビジネスマンだから、ポーカーで駆け引きをするように世界を攪乱しているんだろう。

たとえば、トランプが不法移民阻止のため、メキシコとの国境に「メキシコの費用負担で壁を築く！」と言えば、閣僚や側近たちは「そんなことはしない！」と言う。また、トランプが「イスラエルのエルサレムに大使館を移す」と言ったら、「いや、そんなむちゃなことはさせない」と閣僚や側近たちから反論が出た。こんな例は山ほどあって、両者の発言は見事にバラバラだ。

でも、これが対外的には威力を発揮する。トランプと閣僚や側近たちの意見が一致していないということは、結局どちらに落ち着くのかが、相手にはわからないからだ。たとえば「国境の壁」についても、アメリカは「建設しない」「建設する」、どちらのカードも持っているということになる。そうすると、メキシコも画一的な対策を練ることができない。よく考えているなと思うよ。

そもそも、**むちゃくちゃな奴だと相手に思われていたほうが、何かと便利**だということもある。文春の異性スキャンダル報道を見ればわかるけど、何かあったとき、もともと「いい人だ」と思われてた人のほうがダメージは大きい。少し古い話になるけど、乙武さんやベッキーさんがいい例だ。逆に、芸人さんや歌舞伎役者さんは、もともと「そういうことするだろうな」と思われがちだから、多少驚かれたりはしても、批判はそれほど出ない。

もちろん、政治家は、基本的には善人じゃないと票や支持率が増えないから、トランプみたいなことができる人はほとんどいない。でも、トランプははじめから悪役キャラで票を集めて、あのヒラリーに勝って、アメリカ大統領になった。インパクトでも交渉力でも、これほど強い人はいない。

ちなみに、**僕がこれまで会ってきた政治家で、本物の善人なんかほとんどいない**よ。「命をかけて日本を守る！」なんて感傷的なセリフを言う人は多いけど、ほとんどはただの「善人キャラ」なんだよね。

アメリカ・ファースト！
高尚じゃないメッセージが国民の心を鷲づかみにした

トランプの大統領就任演説も、自称インテリたちから「高尚じゃない」「格調が低い」と評判が悪かった。でも、僕はあれでよかったと評価している。

そもそも、格調高い就任演説をすることになんの意味があるんだよ。政治家は文学者や詩人じゃない。**オバマ前大統領みたいに感動的な話をしても、実行できないんじゃ意味がない**。結局、オバマ前大統領の綺麗事ばかりの政治に国民の不満が募って、「破壊者」「悪役」である、今のアメリカを変えてくれそうなトランプが選挙で選ばれたんだ。

大統領選の後、予想を外した自称インテリたちは、あれこれ言い訳のように分析・釈明していたけど、**結局選挙って、現状に満足している人が多いか、少ないかで結果が決まる**んだ。移民問題やテロ、貿易、雇用……現状に不満を感じているアメリカ国民が多かったから、トランプが当選した。

日本で民主党が政権をとったときもまさしくそうで、別に民主党が積極的に評価されたわけじゃない。当時の自民党がボロボロだったから、消去法で民主党に票が集まった。どんな選挙も、結局それだけなんだよね。

就任演説に限らず、組織のトップが発信するメッセージや**スピーチで一番重要なのは、格調の高さでもなければ、具体性でもない。組織を動かすための大きな方向性、基本方針を示すこと**だ。

「Aの課題について、こう思っている。Bの課題については、こう考えている」

どのようなことに課題を感じていて、それをどう解決していきたいのか。トップがそれを示すことができれば、そこから先の具体的で詳細な解決策の中身をつくっていくのは、官僚や組織の現場の仕事だ。

そういう意味では、トランプは大統領就任演説でアメリカの課題を列挙して、「アメリカ・ファースト」という強い方針をアメリカ国民、そして全世界に示した。

もちろん、その方針には賛否がある。だけど、トランプが今のアメリカ社会のどこに課題を感じたのか、そしてそれらを「アメリカ・ファースト＝アメリカ第一」で解決していくという基本的な方向性は全世界に伝わった。中学生レベルの表現だったかもしれないけど、政治リーダーの演説としては、わかりやすくていい演説だったと僕は思うね。

トランプも僕も「ギリギリのOKライン」を探っている

メッセージという点では、トランプはSNS、特にツイッターもうまく使っている。過激なことを言えばメディアが批判するし、注目もされる。それがわかっていて、ツイッターを最強のツールだと思って使っているんだろうね。

何よりも、**大手メディアに自分のメッセージの発信を全面的に委ねるのは、政治家としてはリスクが高い**。政治家が発信したいことを大手メディアは発信してくれないことが多いし、逆に、事実をきちんと報じず、実際とは異なる印象を振りまく報道も多い。僕も政治家のときには苦労したよ。

それでも大手メディアは、民主国家において権力を監視することが大きな役割だから、政治家に媚びる必要はない。報道の自由の範囲内で好き勝手に報じればいい。だからこそ**SNSは政治家にとって、大手メディアに対する「逆襲のツール」として非常に重要**なんだ。大手メディアを通さず、有権者に向けて直接発信できるということは、大手メディアに途中で編集されることなく、自分の考えをダイレクトに有権者に伝えることができるということだ。また、大手メディアに一方的に報じられたときには、ＳＮＳで反論できる。

大手メディアは、自分たちの主張こそが絶対的に正しいという意気込みで報道するけど、そんなことはない。また、自分たちに都合のいいように編集することだって多々ある。所詮、人間がやっていることだし、そのメンバーもまあ普通のおっちゃん、おばちゃん、おにいちゃん、おねえちゃんだ。みんな、多少は勉強しているんだろうけど、それでもあらゆることに絶対的な正解を出せる存在ではない。

だから、政治家も大手メディアに対してガンガン反論すればいい。だけど、そもそもその政治家のＳＮＳが世間で注目されていなければ、大手メディアに対する逆襲ツールにはならない。数十人、数百人しか見てくれていないSNSではクソの役にも立たない。

だから、自分のSNSが世間で注目されるような一手がどうしても必要になってくる。これはいわゆる炎上商法ってやつだけど、SNSで大手メディアに対抗しようと思えば、ここは綺麗事だけでは済まないからね。

そういうわけで、SNSで過激なことを言う政治家はトランプ以外にも大勢いる。まぁ、僕もその一人だと思われてるんだろうけど、**トランプも僕も「ギリギリのOKライン」を探っている**んだよ。

まじめ一辺倒の表現だと、世間は注目してくれない。だから過激な表現を用いて世間に訴えかけるけど、完全にアウトの表現をしてしまって謝罪したり、そのせいで辞任に追い込まれたりはしないようにする。

好き勝手言ってるように見えるかもしれないけど、批判されることをちゃんと考えて、最後はこちらに「理」があるように、隙のない投稿をしてるんだよね。

でも、このギリギリのOKラインを探るのは難しくてね。残念ながら維新の会の若手メンバーの中には、それをわからずに失敗する議員が何人もいた。僕の真似をして、単純に過激なことを言えばいいと思ってるから、あっさりOKラインを超えて、大失敗。世間からは徹底的に批判を浴びて、何人謝罪したかわからないよ。

SNSで過激なことを言うときに大事なのは、**「なんてこと言うんだ！」って怒る人と同じくらいの数、「（自分では口に出して言えないけど）たしかにそうだよな」って共感してくれる人がいる**ことなんだ。そうすると、賛否両論入り交じる状況になって、過激発言をきっかけに議論がはじまる。逆に、圧倒的多数の人が「なんてこと言うんだ！」って怒っちゃったら、テレビなどで徹底的に叩かれて、謝罪に追い込まれるだけなんだ。それじゃ全然意味がない。

さらに僕の場合は、一般人に対して罵ることは絶対にしない。**メディアやメディアを通じて、僕を罵ってきた人間に対してのみ「100万倍返し」で罵り返すということを絶対的なルール**としてきたし、今もそうしている。今のところ、このルールは威力を発揮していると思う。

まあ、こんなふうに偉そうに言ってる僕も、知事になる前、テレビの生放送では2

回失敗したことがある。

1回めは、「能や狂言が好きな人は変質者」と言って、関係団体から猛批判を浴びた。2回めは、日本企業が中国に集団買春ツアーに行っていることが話題になったとき、「集団買春は中国へのODAのようなもの」と発言した。

「能や狂言が好きな人は変質者」とは、伝統芸能がごく一部のファンのことしか見ていないのではないか、ということを問題提起する趣旨で言ったんだけど、これはアウトになった。

集団買春の話は、実はこれ、大阪の番組で言ったときにはギリギリOKだったんだけど、東京の放送局での全国放送ではアウトだったんだよね。見誤ったよ。それをきっかけに、その発言をしたTBSの『サンデー・ジャポン』という番組を降板することになった。

僕の場合、結果的に失敗もしたけど、最初から生放送でギリギリの発言はせず、後から編集できる収録番組で試して言ってみて、反応を確かめたり、これでもいろいろ考えて発言していたんだよ。

トランプも、超過激発言はどこかで試してみてから、SNSで発信しているのかもしれない。維新の会の若手メンバーにも見習わせたいよね。

大金持ちのトランプには、せこい欲はない

トランプは「アメリカ・ファースト」という強烈なメッセージで国民の不満をすくい上げ、大統領の座を見事射止めたわけだけど、トランプ自身の境遇を見れば、セレブの代表とされるヒラリー・クリントン氏と大差はない。彼も間違いなくセレブと呼ばれる側の人間だ。ただしトランプは、政治的な力を駆使して財を築き上げたわけではなく、自らの才覚のみで財を築き上げた。閣僚にも、桁外れの資産を持っている、えげつない金持ちを揃えた。

僕は、そんな彼だからこそ、信用できるとも思っている。

僕は政治家時代、たくさんの政治家を間近に見てきたけど、**国会議員の多くは、民**

間人に戻ったら間違いなく給料も生活レベルもダウンする。そういう人間は自らの生活レベルを守るために、政治家・国会議員であり続けることが目的になってしまうことが多い。だから「当選すること」が何よりも大切なことになり、心にもない綺麗事を言ったり、批判を食らいそうな大改革を避けることが多かったりする。結局、国民のためになることより、自らの保身を考えちゃうんだよね。そういう政治家には、現状を変えることはできないよ。

でも、トランプにはそのような保身がない。だって、大統領なんかやらなくても、十分稼げるんだから。トランプには、日本の国会議員みたいなせこい欲はないだろう。純粋に、今のアメリカを変えてやる、という強い思いが原動力になっているのだと思う。「トランプは権力欲が強い」「いや、名誉欲だ」と言う人たちもいるけど、そういう人たちは、政治がなんであるかを知らない人たちだね。**政治家とは本来、権力欲や名誉欲の塊でいい**。でも、金銭欲に走る政治家は最悪だ。多くの政治家は金銭欲に走ってしまっているけどね。

あとは、権力欲と名誉欲の中身次第。

政治の本質は権力。しかし、その権力を獲得することが自己目的となるのは最悪だ。自分の地位を守るため、自分の利益を得るために権力を使うことも最悪。権力をあくまでも「手段として」活用し、有権者のために、地域のために、国のために最善を尽くすというのが政治の役割だ。メディアや自称インテリには権力を毛嫌いする人が多いけど、自称インテリたちがいくらもっともらしい持論を述べても、それだけでは世の中は何も変わらない。

本来、普通の人ならできないことを実行するのが権力の行使だ。富のある者から富を奪って、富の少ない者に移転する。多くの人に影響のある計画を決定して、実行する。これらは、自称インテリたちのおしゃべりでは絶対に実現しない。権力だけがそれを可能にする。

そして、自分の利益のためではなく、他人のため、地域のため、国のため、次世代のために、命を削りながらでも仕事ができるのは、自分が自分に与える名誉への納得感以外の何ものでもない。もちろん、周囲に評価されたいという承認欲求は人間なら誰でも持っているものだけど、そんなものだけでは、本気の政治はできない。

社会的な名誉くらいのことで、命を削って、自分の生活を犠牲にしてまで、政治をやってられるか！　逆に、社会的名誉ほしさに政治をやっているなら、それはもはや本気の政治ではない。

政治家の名誉とは、自分自身の人生への納得感のことだ。この世に生を享けた以上、何らかのかたちで、他人のために、地域のために、国のために、次世代のために、少しは役立つようなことがしたい。それをやって死ねるのであれば、自分の人生に少しは意味があったと納得できる。

命を削りながら、生活を犠牲にしてまで、本気の政治をやれるのは、このような権力欲や名誉欲のためだと言っていい。ちょっと逆説的な言い回しだけどね。そして、本気の政治をやっていない政治家は、悪い権力欲や悪い名誉欲が原動力になっていることが多いね。

僕は政治家になる前に、このような表現で政治を語ったことがあったけど、実際に政治家をやってみたら、思った通りだったよ。そしたら、案の上、バカな自称インテリが、かつての僕の表現を持ち出して「橋下は権力欲や名誉欲のために政治家をやっている！」と大騒ぎしていたよ。そいつは自分で哲学者だと名乗っているけど、もっと脳みそを働かせろよな！

僕も政治家時代は強烈な批判を浴びせられ続けた

まあトランプは、周囲に評価されたいという承認欲求は強いんだろうけど、それでも、今のアメリカをなんとかしたい、現状を変えたいという思いも強いことに間違いはない。政治を使って小金を稼ごうなんていう、せこい金銭欲はないだろう。むしろ、自称インテリたちが応援していたヒラリー・クリントン氏のほうが、政治を使ってカネを集めていた疑いがあったくらいだ。

このようなトランプだからこそ、彼の発するメッセージはどれもこれも強い。熱烈な支持を得る半面、強烈な反発も食らう。そんななか、大きな変革を目指して、反発の出る状況をあえて選ぶのはすごいことだ。口で言うのは簡単だけど、やるのは大変なんだよ。これは、実際にやってみないとわからないことだ。

だから、バランスを取りながら、批判も出ない代わりに、支持もそれほど強くない、そんなヌルい状況に乗っかって、政治家生命を延命しようとする政治家のほうが多いよね。

トランプほどではないけど、僕も政治家時代は強烈な批判を浴びせられ続けたね。でも、逆に支持してくれる人も熱烈だった。**緩い支持は風の流れで簡単に離れてしまうけど、熱烈な支持は揺るがない**。どれだけ強い批判の嵐が吹き荒れようとも、熱烈な応援のお陰で、大きな改革をいくつも実行できたと思っている。だから、批判や反発が出れば出るほど、僕の感覚では「改革が進んでいる」と思っていた。

もちろん、批判のほうが圧倒的に強くなれば退陣させられる。それを理解した上で、強烈な批判と強烈な支持を巻き起こす政治家こそが、変革を起こす真の政治家だ。批判も緩い代わりに支持も緩い政治家は、学者や自称インテリたちとたいして変わらない。

特に、中道、ど真ん中の政治ということを主張する政治家に、その「緩い」傾向が強い。ど真ん中はいいんだけど、彼ら彼女らは、右派からも左派からも批判を受けない道を探っているように感じる。そんなヌルいことでは現状変革など起こせない。右派からも左派からも批判を浴び、右からの岩、左からの倒木を押しのけながら、真ん中の道を広げていくというのが、これからの時代に必要な政治家だと思う。

僕も最近は、右派からも左派からも激しく批判される。そのたびに「あー、俺は真ん中の道を歩んでるんだな」と実感するね。

僕は、トランプはこれからも、格好つけたりバランスを取ったりせず、自分の道を進むと思っている。世間や世界から大批判を受けることを恐れて、今まで誰も手を付けなかった問題について、現状打破を試みる道を歩んでいくのだろう。そのためにも、目先の自称インテリたちからの支持なんか気にせず、普通の人なら腹の中で収めるような本音もバシバシ口にしていくんだろうね。

そういう意味で、トランプは自称インテリたちが言うようなバカではない。ちょっと考えたらすぐにわかることなんだけど、**偉そうにトランプのことをバカだアホだと罵っている自称インテリたちよりも、トランプのほうがよほど社会において成功を収めている**んだよね。僕もいろんな自称インテリたちに人格攻撃されたけど、「お前たちょりはマシな父親だし、成功した法律事務所の経営者だよ！」と言ってやりたかったよ。

それに、トランプのあそこまでの「悪役キャラ」はすごいと思うよ。普通は、あそこまではできない。人間、本能的に「いい格好」をしちゃうからね。オバマ前大統領がその典型例だ。

それにしても、政治家には「いい人キャラ」を演じている偽善者が多いよね。僕は政治家と実際に接してみて、その裏表の激しさを実体験したよ。**政治家の「悪役キャラ」と「いい人キャラ」。どちらを信用できるかと言えば、僕の実体験上は「悪役キャラ」**かな。

自分をよく見せようとも思ってないし、変に取り繕ったりもしない。二面性もない。このようなトランプのストレートさは、今後も国民の熱烈な支持と強烈な反発を巻き起こしていくだろうね。

CASE

2

トランプなら日韓関係の問題をどう解決するか

Donald J. Trump

Plagiarism charge against Sleepy Joe Biden on his ridiculous Climate Change Plan is a big problem, but the Corrupt Media will save him. His other problem is that he is drawing flies, not people, to his Rallies. Nobody is showing up, I mean nobody. You can't win without people!

22:55 - 2019.6.4

ジョー・バイデンの気候変動対策プランに盗用の疑惑が出ているが、これは大問題だ。だが腐れマスコミはバイデンをかばうのだろう。バイデンの別の課題は、彼の集会には蠅がたかるだけで人が集まらないことだ。誰も来ない、本当に誰もだ。人がいなくては選挙に勝てるまいに。

三浦さんとの慰安婦問題論争

近年、国外においては、政治が騒がしくなり、不安定になってきているのを感じる。これは、政治がごくごく狭い人たちの感覚で動いていたことに対して、国民・有権者全体の不満が鬱積し、爆発したことによるものだ。

EU離脱を決めたイギリスの国民投票しかり、アメリカ大統領選挙しかり。**これまでのロンドン政治、ワシントン政治が、国民の幅広い声をすくいきれていなかった**ことが原因だ。

イギリスでは国民投票の結果を受けて、メイ前首相が「これまでは一部の人のための政治になっていたと思う。これからは広く国民のための政治を行う」と、反省とともに新決意を表明した。

アメリカ大統領選挙も、ワシントン政治に対する国民の怒りが、トランプ現象やサンダース現象につながった。

ごくごく一部のインテリ層が仕切っていた、現状を変えようとしない政治に対して、国民が「NO！」を突きつけている証拠だ。

インテリ層には、僕も苦労させられたよ。

僕は一昨年まで、テレビ朝日で「橋下×羽鳥の番組」という番組に出演していた。そこに国際政治学者の三浦瑠麗さんに出演してもらったとき、僕のかつての慰安婦問題に関する発言について、彼女と少し議論になった。

僕が慰安婦問題に関して発言したのは2013年で、大阪市長のときだったんだけど、当時は、慰安婦問題というものが横たわって日韓関係がこじれていた。今もそうだよね。さらに中国・韓国系の団体の運動によって、アメリカ社会の一部に、慰安婦像の設置運動や慰安婦に関する間違った情報の流布・教育が広がる動きがあった。今も中国・韓国は、この慰安婦に関する資料をユネスコ記憶遺産に登録申請をするなど、活発に活動している。

それなのに彼女は「政治学者の間では、その話はしないというのが常識」といった発言をしたんだ。さらに、「日本軍は慰安婦に対して酷いことをやった。だから、慰安婦問題を正当化するような橋下の発言は間違いだ」という、自称インテリのいつもの意見を言ってきた。

だから僕は、これまで繰り返し繰り返し言ってきた持論を、番組という超限られた時間内で丁寧に、論理的に説明した。「慰安婦問題を正当化するつもりはないが、戦場と性の問題は、その当時の世界各国の軍がどのようなことをしていたのかという視点からも考えなければならない」という、いつものやつをね。

この**慰安婦問題では、タカ派を気取る自称保守政治家や自称保守インテリたちの「国内だけで威勢のいいことを言い、国外では何も主張しない」という態度振る舞い**が、問題解決を遅らせている。同様のことは、竹島、尖閣、北方領土の問題や靖国問題でも起きていて、結局日本の外交力を弱める根本原因になっている。

国内で威勢のいいことを言うなら、国外でもしっかり主張するべきだ。逆に、国外で威勢のいいことを言えないなら、国内でも言うべきじゃない。

現実の外交では、当事国それぞれが自国に都合のいい解釈ができる玉虫色のフレーズ（日韓基本条約における日韓併合の解釈など）で懸案事項を決着させることが多々あるわけだけど、これは後に紛争が蒸し返されるリスクがある。**紛争を完全かつ最終的に解決したいのであれば、玉虫色のフレーズはご法度**だ。

仮に玉虫色の解決をはかったとしても、日本も韓国も民主主義の国だ。だから、双方の国民の大多数がある程度納得するかたちにしなければ、真の解決にはつながらない。今後、韓国と一切付き合いをしないというなら、日本も韓国も自らの主張を威勢よく続けて、お互いに突き放し、断交すればいい。だけど、それは現実の政治行政の世界では無理なことだ。

中国が巨大な力を持ち、その背後にロシアが控え、最前線には北朝鮮が暴れまくっている東アジアにおいて、自由と民主主義を大切にする西側諸国の価値観を守ろうと思えば、日本と韓国は緊密な連携を保たなければならない。安全保障的にも、韓国が日本の防御ラインにもなるし、経済的な側面においても、日本と韓国の関係は大切だ。

慰安婦問題については、過剰に威勢のいい発言をすることは、国内の一部タカ派的有権者向けへのメッセージにしかならないから、無意味なんだ。だけど、逆に「**日本は悪いことをしたんだから、余計なことをしゃべるな**」**と無言を貫くのも問題**だ。それでは日本国民の納得感を高めることができず、日韓関係を緊密にすることもできないからね。過剰に威勢よく言っても、黙っていても、現状を打破することはできない。結局、慰安婦問題は、威勢のよさを抑えつつも、無言を貫くべき問題ではなく、政治学的に語るべきことがたくさんある問題なんだよ。

そのときは、番組の限られた時間内で三浦さんとやり取りしたけど、三浦さんとは最後まで話がかみ合わなかった。三浦さんの考えの根本には、「慰安婦問題を語っても国内外で共感を得られない」という認識があり、さらには「慰安婦問題の話は持ち出すべきでないというのが政治学者の常識だ」という権威主義的なところがあった。

歴史認識に口を閉ざすほうが危ない

「リスクは、プライドを維持する目的が過剰に慰安婦問題など歴史問題のダメージコントロールに向いてしまい、むきになって対応してしまうことです。(中略)日本という国家のプライドを満たす外交の中心に歴史問題を置くことはあり得ません」
（2016年10月18日、三浦瑠麗氏のツイッター）

これは僕との論争を受けての彼女のツイッターの投稿だ。慰安婦問題などの歴史問題を外交の中に持ち出すことは、それ自体が日本にとって大きなリスクだと言うが、その論理的な理由がない。外交の中心に歴史問題を置くことはあり得ない、と言い切っているが、**現実の国際政治の場では、あちらでもこちらでも歴史問題が外交のテーブルに乗っている。**

北方領土問題ひとつをとっても、ロシアのプーチン大統領は、北方領土は第二次世界大戦の戦利品だと言い放っている。それが外交の「中心」かどうかは個人の主観の範囲になるだろうけど、少なくとも外交において歴史問題が浮上するのが国際政治の現実だ。

彼女の持論である「慰安婦問題は語るべきではない、それが国際政治学者の常識だ」「外交の中心に歴史問題を置くことはあり得ません」というのは、彼女の主観にすぎないし、論理的な理由が欠落している。

しかし、ここで認識しておかなければならないのは、国際的な国益について歴史認識を持ち出しながら主張する場合、その「持ち出し方」がもっとも重要だということだ。つまり、歴史認識を持ち出すことがあるにせよ、**なんでもかんでも自分勝手な歴史認識を持ち出すべきではない**。

歴史認識なんて、国が違えば、皆違うものだよ。特に、第二次世界大戦における戦勝国と敗戦国では決定的に異なるだろう。だから、双方の歴史認識のどこが対立のポイントなのかを明らかにし、対立点を解消する方策があるのかを考えることが重要だ。もし、解消する方策がまったくないというのであれば、立場の違いとしてお互いの主張が平行線になることを甘受するしかない。このときは、真の和解は無理なことと腹に収めて、表面的にかたちだけ取り繕うのも外交の術かもしれない。いずれにせよ、お互いの歴史認識の違いをぶつけ合うことが重要だ。

ところが、**日本の外務官僚や学者をはじめとする自称インテリたちは、世界各国と摩擦が生じることをとにかく避けたがる**。そして、「何も言わないことが一番よい」となってしまう。

僕が慰安婦問題について、「戦争当時は世界各国の軍も同様のことをしていた」という問題提起のコメントをしたとき、どれだけ多くの自称インテリたちや外務省関係者が、「そんなことを言っても無意味だからやめたほうがいい」「そんなことを言っても仕方がないよ」と言ってきたことか。三浦さんも、きっとそういうスタンスだったんだろう。

このような自称インテリたちの姿勢が、慰安婦問題について、国内でも長く悪い影響を与えてきた。国内では、「日本はとにかく悪い。韓国に謝罪し続けろ」という主張が跋扈し、少しでもそれと違う意見を言えば、メディアや自称インテリたちから総攻撃を受けるような状況に陥ってしまった。

そうなると、日本はとにかく悪いという意見と違う意見を持つ人たちは皆、ますます口を閉ざしていく。そういう事情もあって、朝日新聞が吉田清治という人物の虚偽の証言をもとに書いた「日本が絶対的に悪い」という記事が、訂正もされずに放置され続けたんだ。20年以上という、とんでもない歳月を経てから、朝日新聞がその記事をやっと取り消した。

互いの歴史認識をぶつけ合い、収めどころを探るのが政治の役割

先ほど触れた**北方領土交渉においては、第二次世界大戦の結果による秩序（ヤルタ体制）に関する歴史認識こそが、日本とロシアの対立点のポイント**だ。この歴史認識の対立を解消することが、北方領土問題の現状を打破する核心的ポイントになる。

ロシア側は、1941年に締結した日ソ中立条約を破棄して、1945年に対日宣戦を決めたこと、そして北方領土を占領したことは、アメリカ、イギリス、旧ソ連の間での取り決め（1945年のヤルタ秘密協定）に基づくものだと認識している。当然、日本側はこのヤルタの密約部分は法的に無効だと主張しているけど、明確に日本に同調してくれているのはアメリカのみだ（1956年、アイゼンハワー政権時の国務省公式見解）。現在も、中国、ロシアはもちろんのこと、イギリス、フランスなどの戦勝国の大国は、ヤルタ密約を無効だとは言わない。

また、1956年の日ソ共同宣言によって日ソの国交を回復する際に、日本はサン

フランシスコ講和条約で放棄した「千島」の範囲に国後・択捉という北方領土が含まれるのかを、アメリカ、イギリス、フランスに確認したけど、**国後・択捉が日本の領土だと明確に言ってくれたのはアメリカだけだった。**

そもそも旧ソ連は、その後に締結される日米安保条約を想定せずに、1956年「歯舞、色丹を日本に引き渡す」とする日ソ共同宣言を行った。1960年の日米安保条約によれば、北方領土にも米軍基地が設置される可能性が出てくる。旧ソ連としては、それは自国の安全に重大な脅威となる。だから後に想定外の日米安保条約が締結された以上は、日ソ共同宣言は無効だという主張が旧ソ連内で出ていた。ただし、その後の日本と旧ソ連、ロシアとの交渉において、日ソ共同宣言は有効だという確認が一応はなされている。

プーチン・ロシア大統領が、安倍さんに、「北方領土に日米安保条約が適用されるのか」と執拗に聞き、「適用されるならロシアにとって重大な懸念だ」と主張しているのは、そういう事情だ。

これに対して安倍さんは、日米安保条約の適用を前提としており、日ロの間で溝が埋まらない。日本国民の多くが自国領土に妥協することを許さないのと同じように、ロシア国民の約8割が北方領土の返還に反対している。

このような**国際社会の状況を前提とせず、ロシアの不法占拠という日本の一方的な主張を繰り返しても、世界は相手にしてくれない**。戦争をして力ずくにでも北方領土を取り返すつもりなら別だけど、そうでないなら、日本の歴史認識をしっかりと論証しながら交渉をしなくちゃいけない。北方領土4島を完全に取り戻すためには、戦後の国際秩序体制の前提に立って、ロシアが4島の帰属根拠としているヤルタ体制の中の、ヤルタ密約部分を国際的に無効としなければならないんだ。

ただし、日本が一方的に無効だと主張しても、国際的には意味がない。膠着した北方領土問題の現状の事態を打破したいなら、国際社会に日本と同じ認識を持ってもらわなければならない。

ヤルタ密約を国際的に無効にできれば、ロシアの主張は一気に崩れる。しかし、無効にできなければ、日本の4島返還の主張がそのまま通ることにはならないだろう。

そして、**ヤルタ密約を国際的に無効にするには国際司法裁判所の活用しかない**、というのが僕の持論だ。

何より、歴史認識の対立点のポイントを示すことは、日本の立場だけを一方的に強気に主張する国内世論を収めるためにも必要だ。本来、国と国の主張がぶつかり合う問題を戦争ではなく外交で決着しようと思えば、お互いに譲歩せざるを得ない。**どちらかの主張が100%完全に通るようなことは絶対にない。**

しかし、国内世論が外交での譲歩をなかなか許さないことは歴史を振り返っても明らかだし、今の世界各国の世論の状況を見ても、譲歩が難しいことは容易にわかる。どこの国でも、対外的に強気な政治リーダーが国民からの強い支持を得やすい。

しかし、成熟した民主国家であり、軍事力に制限を受け、資源の乏しい日本だからこそ、外交における現状を打破したければ、譲歩による外交解決を狙うしかないと思う。その際に、政治がもっとも気を使うのが、国内世論だ。そして、この**国内世論を収めるためには、国内が強気一辺倒にならないように、的確な歴史認識を示していく必要があるんだ。**

そのためにも、双方の歴史認識をぶつけ合って、対立点のポイントを明らかにする努力をするべきだ。対立解消がどうしても不可能なら、平行線を甘受するしかない。他方、対立解消の方策があるならそれを目指して、譲歩による対立解消も模索すべきだ。最後は譲歩するにしても、国際政治の場での協議は、自称インテリたちのおしゃべりとは違う。**外交交渉なんてかたちを代えた戦争**なんだから、**出だしはお互いに激しく主張をぶつけ合うことが必要だ。そこから譲歩を探っていく。**トランプ大統領は、いつもそれを地でやってるよね（笑）。

いずれにせよ、「外交の場で歴史認識を持ち出すべきではない」なんて気取っていては、国際問題の多くは片付かない。根深いものになればなるほど、そこには歴史認識が横たわっているんだから、まずは双方、それをぶつけ合うところからスタートだ。

政治の世界と学者の世界の決定的な違いとは

北方領土問題と同じで、尖閣諸島や竹島をめぐる問題も、歴史認識の「持ち出し方」

が重要だ。独りよがりの強気一辺倒の主張でもダメだし、だからといって黙っているだけでもダメ。

竹島については、韓国側が「日韓保護関係（1905年）下で、韓国の外交権が制限されていた際のどさくさにおいて、日本が一方的に島根県に編入した」と主張している。**韓国にとっては、どうしても認めることができない日本による植民地時代という歴史の始まりが、この竹島の島根県編入という認識**なんだ。

尖閣については、中国側は「日清戦争のドタバタの最中に、日本が一方的に日本の領土であると閣議決定をした」と主張している。尖閣問題は、中国にとっては、1840〜42年のアヘン戦争敗北によって欧米列強に自国領土を侵害された屈辱の歴史の一環で、絶対に認めることができない問題なんだよね。

韓国国内では「日韓保護」「日韓併合」は国民が強烈に反発する事柄だし、中国において「日清戦争の敗北」は一番認めたくない事柄だ。このような相手方の主張と状況を踏まえて、それに対する日本の反論、歴史認識をぶつけていかないと、国際政治はできない。

先ほどのロシアも含め、韓国も中国も、このような歴史認識と主張であるから、日本が「日本の固有の領土だ！」と一方的な主張を繰り返すだけでは、合意に達するなんてあり得ない。**最後は力ずくによる解決か、法による解決しかない。**

だけど、日本の国力からして、力ずくによる解決は不可能だ。だからこそ、最終的には国際司法機関の活用しかなく、それに向けて努力するのが日本の進むべき道だというのが僕の持論なんだ。

これは慰安婦問題でも同じ。**「黙っていればなんとかなる」というほど政治は甘くない。**ここが、政治の世界と学者の世界の決定的な違いだね。

さっきも少し触れたけど、国内で威勢のいいことを言うだけでは何も解決しないことを国民に認識してもらうためにも、**政治家は相手国に対して、軍事力による戦争に代わるほどの「歴史認識戦」を仕掛けるべき**だ。自らの歴史認識をぶつけて、相手国の反発を受けながら、その上で収め方を考えていくのが「歴史認識戦」。

そのような摩擦と交渉を国民に見えるようにすれば、「日本に返還せよ！」と国内で叫ぶだけでは北方領土や竹島が戻ってこないことがはっきりする。

トランプは、現状打破のために関税引き上げや、ファーウェイなどの特定企業を市場から締め出す貿易戦争を中国に仕掛けた。まさに、軍事力に代わる貿易戦争だ。日本の国力からして、トランプと同じようなことはできないけれど、ここから学ぶべきことはある。「歴史認識戦」であれば、知的論争であるがゆえに現状打破の方法として日本でも十分採用できる。

以前、散々批判を受けたけど、竹島については、外交交渉によってまずは資源の共同管理に持ち込めるだけでも御の字なんだ。それ以上に、完全なる実効支配を取り戻すためには、国際司法機関の活用しかない。北方領土についても、安倍さんは「共同」経済開発というアプローチを取っている。このようにまずは「共同」からスタートするのが、他国に実効支配されている領土を取り戻すための現実的な進め方だ。ただし、韓国やロシアの返還拒否の態度は強く、こうなればやはり国際司法機関の活用を考えるしかない。

尖閣についても、日本はその領域防衛のために必要な防衛力を配しながらも、最後は国際司法機関に持ち込んでいくことが有効だろう。

中国は、南シナ海問題に関して、国際仲裁裁判所が下した中国不利の判決を「紙くずだ」と言い放った。だけど、それは**中国が国際司法機関の判断を非常に気にしていることの裏返しであって、国際司法機関の活用が有効であることを裏付けた**とも言える。

たしかに現在の国際司法機関の判決には、強力な強制力はない。しかも、国際司法機関を利用するには相手国の同意が必要になってくる。

しかし、南シナ海問題に関して、フィリピンは中国の同意なく国際司法機関に訴え出ることに成功している。これは、国際条約の解釈を巧みに駆使した非常に知的な戦術だった。そして、実際に国際司法機関による判決が下されると、強制力はなくても、世界に対して強烈なインパクトを発し、それを無視するのは中国という大国でも大変だということがわかった。となるとやはり、軍事大国ではない日本が外交紛争を解決するには、国際司法機関を最大限に活用するほかない。

このように、**国際政治においては「歴史認識を持ち出すな」ではなく、「どう持ち出して、どう収めるか」が最重要テーマ**なんだ。つまり、膠着した現状を打破して動かし、紛争を収めていくのが政治の役割。それは、事態を客観的・静的に分析・評論する学者の世界とは違うんだ。

韓国民の7割が納得していない、慰安婦問題をめぐる日韓合意の問題点

慰安婦問題に話を戻すと、2015年に朴槿恵前大統領下でなされた慰安婦問題をめぐる日韓合意が、文在寅韓国政権になってから再び問題視されるようになった。

この日韓合意はすべてが玉虫色で収められているが、問題はそこじゃない。合意の文言は玉虫色でも、論点さえ間違えず、お互いに歴史認識をぶつけ合ってから玉虫色に収めたのであれば、双方にきちんとした納得感が得られるし、そこから真の信頼関係を築くこともできる。

ところが2015年の日韓合意は、日本も韓国も、とにかく慰安婦問題を政治テー

マに上げないようにすることだけを考えた弥縫策《びほうさく》で、両国民の納得度を高め、日韓関係を真に緊密にすることを考えたものになっていなかった。だから、**韓国民の7割がこの日韓合意に納得していない**という現実がある。

このような現実を前にして、「日韓合意が成立したのだから慰安婦問題はもう終わり！」と日本側が一方的に主張しても、両国間の信頼関係を築くことはできない。そもそも、この日韓合意自体が文書化されたものではなく、外務大臣による報道発表というかたちをとられたものだ。さらに、国会で批准されたものではなく、**どこまで両国を拘束する力があるのかは甚だ疑わしい**。とりあえず慰安婦問題の騒ぎを一時的に収めるために、両国民の納得度を無視して政府が勝手にやってしまった、やっつけ仕事のような感さえある。

日本側には、「それでも韓国政府も合意したじゃないか！」と主張する者も多いけど、もし、バカな日本政府が日本国民の納得度を無視した国際合意を締結してきたら、日本国民はどうするだろう。

今回の日韓合意について、「韓国は約束を守れ！」と強硬に主張する威勢のいい連中に限って、バカな日本政府が締結した国際合意については、「それはバカな政府が勝手にやったことだから、当然無効だ！」と主張するんじゃないかと僕は思う。サンフランシスコ講和条約でいったん決着したのに、いまだに「東京裁判は無効だ！」と主張している面々が、韓国に対しては「国際合意を守れ！」と強硬に主張しているんだ。

成熟した民主国家においては、国民がある程度納得するような国際合意でなければ、後からその合意が新政権によってひっくり返される可能性があるということも念頭に置かなければならない。これも、トランプ大統領は地でやっている。

まあ、**トランプ大統領は、アメリカ国民がある程度納得しているものでも、平気でひっくり返してしまっているけ**どね（笑）。

日韓関係がこじれている根本は慰安婦問題であり、そして、慰安婦問題がこじれている根本は、以前の慰安婦問題論議において、論点設定が完全に間違っていたからに他ならない。

以前の議論は、日本は「悪かった」のか、「悪くなかった」のかに終始していた。「悪くなかった」と言えば国際的に批判を受けるから、自称インテリの多くはどこが悪かったのかを曖昧にしたまま「日本は悪かった」ということで沈黙し続けた。でも、それでは日本国民の間には納得感が湧かないから、日本の韓国に対する反省やお詫びにも心がこもらない。韓国はそこを問題視する。

こんなことじゃ、日韓の信頼関係が醸成されるはずがないよね。日本と韓国は、もっと歴史認識をぶつけ合って、対立点のポイントを明らかにした上で最後、その対立解消をはかるために必要な部分で玉虫色の解決を目指していくべきなんだ。まずはぶつかり合って、どこに溝があるのかを双方に確認するプロセスが必要。

玉虫色にも、ぶつかった上での玉虫色と、ぶつかり合いを避ける綺麗事の玉虫色があって、民主国家同士が信頼関係を醸成するためには、前者の玉虫色じゃないとダメなんだよ。今回の日韓合意は、自称インテリ好みの、相互にぶつかり合うプロセスのない、綺麗な言葉だけでの玉虫色だから現状打破ができないんだ。

僕はこのような考えから、2013年5月、「戦争当時、世界各国の軍が、日本と同じように戦場において女性の性を必要とし、女性の人権を蹂躙していた。韓国軍もベトナム戦争時に女性の人権を蹂躙していた歴史がある。日本だけが特殊なわけじゃない。だから**日本のみならず、世界各国も過去の反省と、今後女性の人権を戦場において蹂躙しない旨の決意を示すべき**であって、今のように日本だけを特殊扱いして世界各国が自分たちの責任を棚に上げることを許すべきではない。世界各国の真摯な反省と強い決意こそが、現在の紛争地における女性の人権蹂躙行為を抑えることにつながる」と述べたんだ。

そうしたらメディアや自称インテリたちは、一斉に「橋下は慰安婦を必要だと言った！」「世界各国もやっていたから日本もやっていいと正当化した！」と批判してきたけど、文意をしっかり読み取れっていうんだよ。

僕は、「日本が『悪かった』のか、『悪くなかった』のかの二元論」から、「**日本は『悪かった』けど日本だけを『特殊扱いするべきではない』」という第3の主張**を展開したんだよね。新しいロジックだったから、世間に理解されるまでにはかなり時間がかかったよ。

三浦さんに突っかかったのは、ちょっと大人げなかった

どう主張するのが相手国の妥協を引き出しやすいか、国際社会を味方につけやすいか。各課題によって歴史認識の持ち出し方や収め方が異なるのだから、こういう部分にこそ専門家による研究が期待される。ところが三浦さんは、こと慰安婦問題に関しては、「歴史認識を持ち出すべきではない」で片付けてしまった。なんてことだ！

そもそも、僕のこういう考え方自体に異論があるのはわかってる。「そんなややこしいことは主張せずに、国際的にも国内的にも感情を逆なでしないように、玉虫色に決着すればいい」という、まさに三浦さんのスタンスだ。

たしかに、自称インテリたちは、周囲に不快な思いをさせることなく、かっこよく知性と教養と品性を感じさせる「おしゃべり」をしていれば、それで済むのかもしれない。彼らは、しゃべるのが仕事だからね。でも、現状打破で事態を動かし、現実の課題を解決しなければならない政治家は、そうはいかない。

三浦さんは、僕とのツイッターのやり取りで、「自分は論破型の議論は嫌いで、議論を深めていくことを望んでいる」と言っている。ところが、こと慰安婦問題に関しては、「国際政治学者の間ではその問題は触れないのが常識」と言って、深掘りの議論をする意思をまったく示さなかった。**「国際政治学者の常識」という権威を盾に、僕を「論破」しにかかった**んだ。

これって結局、自分の関心のあることにだけ議論を深めるというご都合主義だよね。

三浦さんは、自身のツイッターへ寄せられた世間からの批判にこうも反論した。

「橋下発言は中途半端な問題提起だった」

「橋下発言は女性をはじめとする国内外からの共感を得られず、維新という政党に対する期待を萎ませた」

でも、三浦さんの言う「問題提起の仕方」や「政党に対する期待」云々は、慰安婦問題の議論ではなく、政党運営の組織マネジメント論・戦術論だ。これは三浦さんが専門とする国際政治学とはまったく異なる分野であって、国際政治学者が専門家として語るところではない。

三浦さんは、僕の2013年5月の慰安婦発言について、女性を中心とした有権者から共感を得られていないからダメだとも断じた。

たしかに、当時、僕の発言には多くの批判が寄せられた。新聞もテレビも連日の総バッシング。コメンテーターや学者、それから国会議員まで、とにかく「橋下はとんでもない!!」「女性の人権侵害だ!!」のオンパレード。

それまで「慰安婦は合法だった! 日本は何も悪くない!!」と**威勢のいいことを言っていた稲田朋美防衛大臣（当時）や片山さつきさん、池田信夫さんも急に「人権侵害だ！」と言いだした**。

しかし、その一方で僕の発言を支持してくれる人もたくさんいた。国内外から批判を受けている真っ最中に、慰安婦問題に対する僕の考えについて議論したある大阪テレビ番組では、視聴者アンケートの回答者2万人のうち、8割が僕の考えに賛成してくれた。丁寧に説明したかいがあったよ。

このときの出演者の驚いた顔といったらなかったね。大谷昭宏さんなんて、「この番組を観ている人は男性が多いんでしょうかね」なんて、意味不明なコメントをしていたっけ。それこそ完全なる男性差別だよ。僕の発言は女性の人権侵害そのもので、もし賛成するなら男性だ、と決めつけたんだからね。

実は、ここまでが三浦さんとやり合った直後に書いたメルマガに加筆をしたもの。加筆しても、やっぱり攻撃的だね（笑）。今回、メルマガを書籍化するにあたって読み返してみたんだけど、三浦さんとやり合った直後だから、僕は完全に頭から湯気を発している。今、加筆して修正したつもりなんだけど、それでもまだ攻撃的だ。

僕は、**インテリ連中から僕の政策や行動について具体的に批判されるのは、大歓迎**なんだ。やっぱり、専門家との議論は勉強になるからね。

頭にくるのは、こちらをバカにした態度の人間たちだ。なんで政治を語るインテリ連中は、政治家に対してあれだけ偉そうにできるんだろう。

まあ、**権力を持つ政治家が、国民からバカにされる国のほうが安心、安全**なんだとは思うよ。権力者が国民から持ち上げられだしたら、たしかに要注意だ。最初はちょっとした「おべんちゃら」からはじまって、徐々に政策や行動を批判すらできない対象になり、気付いたら神格化された絶対権力者になっている……なんてことも、まんざら絵空事じゃない。権力者は常に批判される存在であるほうが国民にとっては安全だと言える。

それでも僕は、メディアなんかに顔を出しているインテリたちが、具体的な政策論を展開せずに、こちらをバカにした態度を取ってきたときは、言論でもってきっちりと反撃しておくというスタンスで政治家をやってきた。そうでないと、精神衛生上よくないからね。

とはいえ、この三浦さんに対するメルマガは攻撃的すぎた。政治家を辞めて民間人になったのに、政治家のときのスタンスがそのまま継続しちゃったね。

僕は三浦さんに対して言論で反撃したつもりだったんだけど、その後彼女といろいろ話したら、こちらが大人げなかったと反省したよ。

ちなみに、三浦さんも、慰安婦問題は戦場における女性の人権問題として、すなわち世界各国共通の問題として扱うべきだと言いはじめている。これまでのように「とにかく黙っていたほうがいい」というスタンスを変えたようだ。

この三浦さんの意見は、慰安婦問題は日本だけの特殊な問題ではなく世界各国の軍に共通する問題で、旧日本軍や韓国軍を含めた世界の軍の戦場における行為を検証すべきだという主張を含む。これは、僕がこれまで言い続けてきたことと同じだ。

そして、民主国家同士である日韓関係を、次世代に向けて真に強い信頼関係にしていくには、両国民の納得度を上げていかざるを得ない。それは、慰安婦問題は世界共通の問題であることを相互の共通認識とした上で、日韓両国が共に反省と決意を固くし、世界にもそれを促していくという方向性で実現されるのだと思う。だから日本は口を閉ざすのでなく、韓国に対して、韓国軍も慰安婦を利用していた歴史的事実があることをぶつけなければならないんだ。

こんなことを考えていたら、日韓合意を否定的に扱ってきた文在寅大統領が２０１８年8月14日、「慰安婦問題は韓日間だけでなく、戦時の女性への性暴力で人類の普遍的な人権問題だ。韓日を含む全世界が反省し、二度と起こさないと固く誓ったときにはじめて解決される」と演説した。それなのに**日本政府は、慰安婦問題は日韓合意で終わっているとして、この発言を無視。**

違うんだよ。文大統領がそう言ったのであれば、「韓国軍の行いも含めて、旧日本軍の行いも検証しよう！」と即座に応じるべきだった。韓国軍だって慰安婦を利用していた事実は証拠として確定している。今、韓国国民は日本だけを責めて、日本国民はそれに反発している。そうじゃない、**両国民が過去を共に反省し、将来への決意をすれば、両国民の納得度は上がるんだ。**やっぱり、これまで言い続けてきた僕の持論に間違いはなかったと確信したよ。

世界中の有権者が突きつける「インテリだけで決める政治」へのNO！

三浦さんの指摘のように、当時の「日本維新の会」の支持率が僕の発言で下がった可能性は否定しない。読売新聞はとにかくしつこく「僕の発言で日本維新の会が失速した」と書き続けていたしね。

でも、日本維新の会は、僕の発言前から完全に失速していた。２０１２年12月に衆議院で54議席を確保し、支持率は10％を少し上回るくらいはあったのに、年が明けてどんどん急降下。４月の時点ではもう５％を割り込んでいたほどだ。

もちろん責任は代表である僕にあるけど、金も組織もないところで、あの手この手を使いながら、一発の選挙で衆議院において50議席以上を得たという事実には自信を持っている。これは、そう簡単にできることじゃない。日本中の政治学者が集まって、知恵を絞ったところで絶対にできっこない。

学者の世界の評価と違って、政治の世界の評価である有権者の支持は、本当に厳しい。こちらが一度も顔を合わせたこともない、とてつもない数の有権者に評価され、**好き嫌いも含めて不条理、不合理な評価によっても支持率は変わる。**そんなところで、自分たちの「色」も出さずにやっていたら、一気に支持は下がるんだよね。**当時の「日本維新の会」が発足した途端に支持が冷めていったのは、日本維新の会の「色」が見えなくなっていたから**だ。

だから、当時の僕は「東京の国会議員は何をやってんのか知らないけど、関西ではとにかく僕の考えを前面に出していく」という方針のもとで行動していた。

賛否両論あるだろうけど、**弱小野党で組織も何もない以上、しっかりと党の「色」を出して、あとは有権者の判断に任せる**しかない。最悪なのは、有権者から反対の反応もない代わりに、賛成の反応もないこと。つまり、党の「色」がなくて、有権者からまったく関心を抱いてもらえないことが党にとっては致命傷なんだ。

そういう意味で、慰安婦問題に対する僕の発言は、世間からの猛批判は食らったけど、大阪維新の会としての「色」は出せたと思う。それがよかったのか悪かったのかは、有権者の判断だね。

国政選挙における投票率はせいぜい50％ちょっとだ。その投票率の中で、小選挙区では50％を獲得できれば当選する。すなわち50％×50％で、**有権者全体の約25％の支持があれば当選する**んだ。

現在一強と言われている自民党は、日本の有権者のうち約25％の支持を得て、衆議院では圧倒的に過半数を上回る大勝を果たした。ゼロから立ち上げた新興政党が仮に有権者全体の20％の支持を得られれば、御の字。

だから、関西圏の番組であったとしても、回答者2万人の視聴者アンケートで、8

割の関西の人たちが僕の慰安婦問題の考え方に賛成してくれたということには、正直、自信を深めたね。

まあ、僕の発言が日本維新の会にとってプラスになったかマイナスになったか、厳密にはわからない。関西だけでなく、日本全体で見れば、結果的にはマイナスになったのかもしれない。

でも、その後も大阪では主要な選挙は勝ち続けて、大阪府知事、大阪市長は維新の会。大阪府議会、大阪市議会、堺市議会でも第一党を維持し続けた。衆議院議員選挙ではあの安倍自民党と張り合い、参議院の大阪選挙区では自民党を上回る2議席を得た。大阪府内で維新公認の首長も続々と誕生し、関西では維新公認の地方議員が数百人単位で増えた。

そして2019年4月7日の大阪府知事・大阪市長のダブル・クロス選挙と大阪府議会議員・大阪市議会議員選挙。大阪維新の会の敵側は、自民党・公明党のみならず、国民民主・立憲民主に共産党までがタッグを組んだ。それに加えて、自民党を支持する各種業界団体や地域団体、公明党を支持する創価学会、国民民主・立憲民主を支持する組合の「連合」や部落解放同盟、共産党を支持する各団体が一斉に敵側に付いた。こんな状況の中で、大阪維新の会は歴史的大勝を果たし、知事・市長選の圧勝のみならず、府議会では過半数、市議会でもほぼ過半数を制した。

これが結果だ。**政党は、賛否があったとしても「色」が必要なんだ。トランプのおっちゃんも、強烈な「色」を放っているね。**

ここらへんの、党の「色」を出すという政党運営マネジメントは本当に難しいんだよね。悪名も無名に勝るというのが、政党運営には適っているかな。これは、学者やインテリたちの世界とは真逆。彼ら彼女らはとにかく批判されることが怖いから、批判されるくらいなら「色」を出さない方向を取るだろう。

直接会ったこともない数千万人の有権者を相手に、単なる好き嫌いも含めて不合理、不条理な選択にさらされつつ、それでも支持を得ていかなければならない政党運営の苦労は、自称インテリたちにはわからない。彼ら彼女らは、自分たちの仲間内で、自分の見解の正当性をとにかく訴え続ければいいからね。ここが、政治家とインテリたちの行動原理のもっとも異なるところだ。

CASE

3

なぜトランプは大批判の中で健闘できたのか

Donald J. Trump

Democrats can't impeach a Republican President for crimes committed by Democrats. The facts are "pouring" in. The Greatest Witch Hunt in American History! Congress, go back to work and help us at the Border, with Drug Prices and on Infrastructure.
16:43 - 2019.6.2

民主党が民主党の犯した罪で共和党の大統領を弾劾するなどありえん。事実がぞろぞろ明らかになっている。アメリカ史上最大の魔女狩りである。議員連中は仕事に戻って国境問題や薬価問題、インフラ整備を手伝え。

日本の自称インテリの99%が「トランプは落ちる」と言っていた

ドナルド・トランプが勝利したあの大統領選挙のとき、僕はアメリカのニューヨークにいた。まさに大統領選を取材するためだ。

当時、共和党の大統領候補だったトランプには、それこそ世界各国から凄まじい批判の声が上がっていた。ご当地アメリカではもちろん、新聞やテレビのすべてが「トランプは大統領の資質なし」「人間的にアウトだ！」と猛反対。**トランプを支持していたのは、地方紙の1紙だけだった**とか。

そういう意味では、トランプはよくやったと思う。**民主政治においては、メディアの役割と影響力が非常に大きく、それを敵に回すと選挙はしんどくなる**からだ。テレビが連日、特定候補者の批判をしたら、通常はその候補者は一発でアウトだね。これが民主主義、報道の自由の現実。

それだけメディアの力が強いとなると、それはそれで危険なところもあるけど、権力が暴走しはじめた「いざ」というときに、**権力者の首をメディアと国民が一体となって刎ねることができるほうが、独裁専制政治よりまだ「まし」**だ。権力者が本気になれば、軍隊や警察を使って自らの地位を守ることができる、なんてことを許さないためにも、報道の自由によるメディアの権力チェックは絶対に必要だね。

舛添要一・前東京都知事の件を思い出してほしい。東京都知事といえば、一国の指導者に匹敵するような地位・権力者だ。それが、ちょっとした**お金の問題から、あれよあれよという間にいろいろなことが白日の下に晒されて、結局は舛添さんの首が刎ねられちゃった**。舛添さんの不誠実な態度が火に油を注いで、報道が過熱しちゃったことが最たる原因なんだけどね。

あのとき一番重要な役割を果たしたのは、テレビメディアだった。テレビの連日の報道はすごかった。舛添さんが「辞める」と言わない限り許さない、という雰囲気だったからね。

このように、**民主政治がきちんと機能している国においては、メディアが本気になれば特定候補者を落選させ、逆に特定候補者を当選させることもできる。**

あのときのアメリカのメディアは、完全にトランプを落選させるモードに入っていた。ヒラリー・クリントンを当選させるというよりも、トランプを落選させることが至上命題。

日本の新聞も、どこもかしこも「トランプは最悪だ」と書いていたし、**自称インテリの99%が「トランプは大統領として不適格」と言っていた**よね。この傾向は、日本だけじゃなく欧州でも同じだった。ロシアのプーチン大統領だけは、「トランプ大歓迎」だったけどね。

極めつきは、トランプ対ヒラリーの3回にわたるテレビ討論の結果に基づく全米世論調査。トランプは完敗し、10ポイント以上の差が開いた。

一騎打ちの選挙での10ポイント差は完敗だから、その結果が出た日以後、アメリカや日本の自称インテリたちが喜んだこと、喜んだこと！　ヒラリーが勝ったことを前提に、最後のトランプ批判に力を入れていた。彼らは「トランプが大統領になるはずがない」と断言していたから、最終的な選挙の結果が逆になって、随分と困っただろうね。

綺麗事を重視する立場は、本音で語る者に対して防戦を強いられる

ちなみに僕は、中高大と10年も英語を勉強させられたのに、英語を話すことも聞くことも、まったくできない。文科省のバカ野郎!!

結局は自分の努力不足なんだけど、もう少ししっかりと英語教育のプログラムを作ってほしいよ。「英語教育に力を入れるよりもまずは日本語だ」とか言っている自称インテリがちらほらいるけど、そんな連中の言うことは無視だ。**これからの時代、英語が仕事をする上での最低スキルになることは間違いない。**

まあ、完璧な通訳ＡＩが誕生すれば、個々人が英語の勉強をする度合いは低くなるのかもしれないけど、今の若者たちだって、それができるまで悠長に待ってはいられないよね。

なぜこんな話をしたかというと、僕はそのときせっかくアメリカにいたんだから、トランプ対ヒラリーのテレビ討論をリアルタイムで見て、英語で理解したかったんだ。

僕は英語ができないばっかりに、せっかくニューヨークにいたのに、日本のニュースで編集されたものや、日本語の解説付きのダイジェスト版を見てたんだよ。

その限りで感じたことだけど、「トランプはミスったな」と思ったね。

というより、これがトランプなのかと思うと笑っちゃったよ。報道によれば、トランプは討論の準備はしないということだったけど、ほんとに準備をしていなかったな、あれは。普通は「準備をしない」といっても、ある程度は準備をしているものなのに、トランプはある意味、バカ正直だね。

その点、ヒラリーは完璧に準備していた。テレビ映りから発言内容まで完璧だった。報道によると、心理学者も活用していたらしい。

僕には、討論の勝敗について次のような持論がある。

お互いに完璧に準備をする者同士だったら、より準備をした者が討論に勝つ。しかし、**自信を持って準備をしない者と、几帳面に準備をする者が闘えば、自信を持って準備をしない者のほうが勝つ**可能性が高い。

さらに、ポリティカル・コレクトネス（政治的正しさ、簡単に言えば「綺麗事」）

を重視する立場は、本音で語る者に対して防戦を強いられ、メッセージが弱くなる。

政治家の、しかも単なる一議員ではなく、国や地域のトップになる者の政策討論は、国や地域を動かす大きな方向性を示すものでなければならない。有権者2億3000万人以上を対象に、1回2時間以内のものをたった3回だけ行う**アメリカの大統領選挙のテレビ討論会では、学者のようなチマチマした討論なんかやっても意味がない**。アメリカの大統領が携わる政策なんてあまりにも膨大すぎて、討論会で扱えるテーマなどは全体のほんのほんのごくごく一部にすぎないからね。

それまで**トランプは、ポリティカル・コレクトネスを重視せずに、ときに下品に、アメリカの抱える課題について本音で解決策を述べてきた**。

どれだけ政治エスタブリッシュメント（社会的リーダー層、支配階級）が綺麗事を言おうが、これまでのワシントン政治によって解決されてこなかった課題が山ほどある。そこに光を当てて、現状を打破するためにはどうすればいいのか、賛否両論がある本音の解決策を発してきたのがトランプだった。

だから、テレビ討論という最大の勝負どころの晴れ舞台でも、トランプはそれまでと同じ調子でワシントン政治が放置してきた課題を取り上げて攻めるんだろうと予想していたけど、さすがのトランプも「大統領らしく」振る舞おうとしちゃった。アメリカの課題を本気で解決する、という強烈なメッセージが伝わってこなかったんだ。

僕が「ミスったな」と言ったのは、そういうこと。**準備をしていなかったということではなく、大統領らしく振る舞おうとしたことがミスだ**と感じたんだ。

テレビ討論では、本来ならポリティカル・コレクトネスを重視するヒラリーがトランプに本音で攻め込まれ、政策論的には防戦になるはずだったのに、逆に大統領の資質の話に持ち込んでトランプを攻めまくっていた。そして、ヒラリーからの人格攻撃に対して、トランプも人格攻撃。結果、誹謗中傷合戦になってしまった。

独裁政治の危険と独善政治の危険は同じ

今、自称インテリを中心とする**政治的エスタブリッシュメントと現実の有権者との**

間が、政治的に乖離する現象が起きている。これは、民主主義の政治システムがこれまである程度機能してきた先進国において、非常に顕著な現象だ。

大統領選挙中も、ポリティカル・コレクトネスを重視するヒラリーが、つい腹の中の本音を口走って大批判を受けた。「**トランプを支持している有権者の半分は気が狂っている**」という趣旨のことを言ってしまったんだ。でも、これが彼女の本音。

結局、ヒラリーを応援する反トランプの自称インテリたちは、トランプがなぜ多くの有権者に支持されているかの検証・分析をまったくしていなかった。批判の柱は「トランプは下品」「差別主義者」「大統領としてふさわしくない」だけ。

それが事実かどうかはさておき、そんな**トランプが支持されているのはなぜなのか。なぜ政治エスタブリッシュメントに有権者がついてきてくれないのか**。その現実を分析しなくちゃいけないのに、彼ら、彼女らはまったくそれをしなかったんだ。

２０１６年６月にＥＵ離脱を決めたイギリスの国民投票のときもそうだった。この現象について、自称インテリたちは「ポピュリズムだ」「大衆迎合主義だ」と、中身のない批判的評論ばかりしていた。

自分たちの考えが絶対的に正しくて、それに沿わない現象には「ポピュリズム」というレッテルを貼って斬り捨てる。政治エスタブリッシュメントのこのような姿勢がますます、彼ら彼女らと一般の有権者の間を引き裂いていく。

政治エスタブリッシュメントである政治家や自称インテリたちは、自分たちの中での常識が世界の常識だと盲目的に信じている。この勘違い、つまり独善は、**民主主義の危険性としてよく語られる、有権者の拍手喝采がヒトラーという独裁者を生んでしまうことの危険性**と同じ危険性を内包する。

つまり民主主義というシステムは、具体的な政策や行動の中身をきっちりと評価・検証することで成り立つものであって、自分たちの存在や見解が絶対的に正しいとか、相手の存在や見解が絶対的に間違っていると決めつけてしまうと、独裁を生んだり、有権者との乖離である独善を生んだりしてしまうんだ。

結局、独裁政治も独善政治も、有権者から乖離した政治によって有権者を害するという点では同じなんだよね。

今、自称インテリたちが「ポピュリズム」というレッテルを貼って批判している政治現象は、「ポピュリズム＝大衆迎合」というマイナスの側面よりも、政治エスタブリッシュメントと有権者の乖離を知らせるサインというプラスの側面のほうが強い。**政治エスタブリッシュメントと有権者の乖離を埋めることを促すもので、まさに民主主義のシステムが機能しようとしている**とも言える。

今の政治現象を、ポピュリズムという言葉だけで片付けてはいけない。多くの有権者が何に不満を持ち、何に怒っているのか、ということにきちんと耳を傾けなくてはいけないんだ。

政治エスタブリッシュメントは、往々にして現状によって利益を受けていて、現状に満足している。だから、彼ら彼女らの中には現状を変えたくない者が圧倒的に多い。しかし、逆に現状によって損を被り、現状に不満を持ち、怒っている有権者も多い。この**有権者たちの「現状を変えたい」という声を、単なるポピュリズムという一言で斬り捨てれば、民主主義は瞬く間に崩壊する**。

多くの有権者が何に不満を持ち、何に怒っているのかを徹底的に分析するためには、ワシントンやその周辺にたむろしている政治エスタブリッシュメントを中心とした小さなコミュニティから飛び出して、一般の有権者の中に直接入り込んで話を聞くことが必要だ。学者も同じ。自分の周辺の人間とだけ話して、それが世間の常識だと勘違いしてはダメだ。

そういう意味では、**イギリスのメイ前首相はさすがだ**ね。EU離脱を決めた国民投票後すぐに「これまでの政治は一部の者のための政治になっていた。これからは国民全体のための政治を目指す。特に、これまでの政治からこぼれ落ちていた人に光を当てる」と宣言し、政治と有権者の間に存在した乖離をきちんと認識した上で、反省してみせたんだから。

それでも、結局EU離脱案をまとめることができずに、首相を辞任することになってしまった。メイ首相がEUと交渉して作成した離脱案について、議会は否決。一部議員が提案した対抗案についても議会は否決。にっちもさっちもいかない状況に陥り、メイ首相は辞任。

2度目の国民投票は絶対にやらないということをメイ首相は大前提にしていたけど、こういう事態を動かすためには民意を活用するしかない。無責任な議会が離脱案を確定できないのなら、メイ首相の離脱案や合意なき離脱を含めて複数案を国民投票にかけ、最多数のもの一つに絞る。そして次に、その離脱案を示した上で、再度、離脱にYESかNOかを国民投票で決めてもらう。議会が機能しない場合には、国民投票で決めるしかない。

2度目の国民投票をやることについては、議員からも国民からも凄まじい反発を食らうだろうけど、現状打破をするには、あえて国中を巻き込んだ「大騒ぎ」を起こすべきだ。

投票直前に発表されたFBIの再捜査宣言!

トランプとヒラリーのテレビ討論後、何もなければヒラリーの勝利だったと思う。ところが、FBIがとんでもない爆弾を爆発させた。いったん捜査終了宣言を出していた、ヒラリーの私的メール問題を再度捜査すると宣言したんだ。投開票まであと10

日のときにだよ。

アメリカっていうのは、つくづくすごい国だと感じたね。よくも悪くも、統治機構が成熟しているというか。いや、すごいよ。日本じゃ、こんなことはまずあり得ない。

捜査機関もそうだけど、日本の役所組織は選挙に影響する行為は基本的に控える。それも過度に敏感になっている。だから、**日本では投開票直前に、立候補者について捜査を開始するということはまずない**ね。

いや、昔、検察とメディアに小沢一郎さんが徹底的に叩かれたことがあったな。いわゆる「陸山会事件」だ。**民主党が政権をとる直前に、検察側はとにかく小沢さんを悪役に仕立て上げた。**

それにしても、あそこまで小沢さんを犯人扱いしておいて結局無罪って、あれはひどかった。

メディアも、あれだけ小沢さんをクロ扱いしておいて、シロになったら放ったらかし。小沢さんが「言い訳はしない」という自らの美学に基づいて徹底反論しなかったのも、マイナスになったのかもしれない。僕なら連日メディアと喧嘩し続けて、ツイッターで連投しまくって、大騒ぎしながら自分の主張を公にするけどね。

大統領選挙が佳境に入った段階で、候補者であるヒラリーの事件を再捜査することについては、ＦＢＩの中でも、もちろん議論があったらしい。司法省は「こんな時期に再捜査を宣言するのは、あまりにも大統領選挙に影響を及ぼしすぎる」と再捜査宣言には反対。

でも、ジェームズ・コミーＦＢＩ長官は、「もしそのまま大統領選挙が行われて、その後ヒラリー氏の犯罪が判明したときには取り返しのつかないことになる」という判断で、ＦＢＩ内部や司法省の反対を押し切って再捜査宣言を公にしたそうだ。この長官判断に政治的な意味があったのかどうかの真意はわからないけど、僕はこの長官の判断には賛成だ。**自分がヒラリーと同じことをされたら大激怒で怒り狂う**けどね。**事実を公表することの弊害よりも、事実が隠されることの弊害を恐れる**。そうしたアメリカの統治機構、報道の自由、そして選挙の力強さというものをまざまざと見せつけられたよ。

だけど結局、投票２日前に、「ヒラリーを訴追しない方針には変わりない」ということで、あっけなく捜査終結宣言がなされた。それに対してヒラリー陣営は、「FBIの再捜査宣言によって落選した」と大激怒。そして、ある意味トランプを当選させたコミー長官は、その後トランプに解任された。

ほんと、アメリカの政治はダイナミックだよね。

CASE

4

トランプに負けたのは
ヒラリーじゃない。
自称インテリだ

Donald J. Trump

Kim Jong Un of North Korea, who is obviously a madman who doesn't mind starving or killing his people, will be tested like never before!
3:28 - 2017.9.22.

自国の国民を飢えさせたり殺したりすることをなんとも思わない金正恩は、明らかに頭がおかしい。今までに見たことのないような審判を受けることになる。

専門家たちが言い訳三昧！
まるでお通夜みたいだった現地の選挙特番

あのトランプが、ついにアメリカ大統領に！

トランプが当選した大統領選の後、誰が一番慌てたかって、それはメディアや自称インテリたちだろう。投開票当日、トランプが当選確実になったとき、僕はニューヨーク、それもトランプタワーやトランプの選挙本部があったヒルトンホテルのすぐ近くのホテルで、アメリカの選挙特番を見ていた。

そのときの自称インテリや専門家たちの暗い顔ったらありゃしない。まるでお通夜のようだった。みんな、渋い顔をしながらボソボソ何かしゃべってるんだけど、通訳してもらったらほとんどが言い訳だったよ。**日本のインテリたちも言い訳のオンパレードだった**よね。

そういえば、先般4月7日の松井一郎大阪府知事（当時）が大阪市長に立候補し、吉村洋文大阪市長（当時）が大阪府知事に立候補するダブル・クロス選挙でも、インテリたちは、「奇策だ！」「有権者の支持を得られない！」とこき下ろした。

特に、**中野雅至なる大した業績もなく出世もしなかった官僚出身の大学人が、これでもかというくらいダブル・クロス選をこき下ろした。**

そして、大阪維新の会の歴史的大勝が決まった当日、この中野が出演していたMBS毎日放送の選挙特番はまるでお通夜みたいな状況で、トランプ勝利後のアメリカのメディアの状況と同じだった。中野は苦し紛れに「民意の質が……」なんて言い放っていたよ。

おいおい、いつから日本の選挙は、票「数」じゃなくて票の「質」で決めることになったんだ？　まさに中野は、多くの有権者の声より、自分の意見のほうが質が高く、自分の意見のほうこそが正しいと言わんばかり。

完全なる選民思想だよ。**有権者には一人一票を与えようというのが民主主義。**それが絶対的に正しいというよりも、他に考えられるどの制度よりもましだ、という考えに基づくものだ。うちの次女も、18歳になって今回の選挙から投票権を得た。僕の1

票と次女の1票はまったく同価値というのが、歴史を積み重ねてきた人類の知恵の結晶だ。

それを中野は、維新支持の民意の質が悪いと言わんばかりだった。**そんなに選挙の結果が尊重できないなら、北朝鮮にでも行きやがれ！**っていうんだよ。こういう連中がメディアで好き放題しゃべることがほんと最悪で、有権者の声を政治に届けるメディアの機能を害し、政治と有権者の乖離をますます促してしまうんだよね。

さて、2016年のアメリカ大統領選に話を戻すけど、この選挙での一番の敗北者はヒラリーじゃない。メディアを中心とする自称インテリだ。まさに中野のような自称インテリ。

コメンテーターをはじめとする自称インテリたちがいかにいい加減か、そして、どれだけ見通しを誤ってばかりか。僕は政治家時代に嫌というほど見てきたよ。

たとえば、**慰安婦問題をめぐる発言で僕を批判していた大谷昭宏はその典型だ。**彼は、アメリカの政治エスタブリッシュメントや中野と同じで、自分こそが絶対的正義だという感覚を捨てきれない人間だ。

この大谷は、僕が同席していない番組では特に無茶苦茶に言うんだよね。「橋下の発言にはヘドが出る」とまで言っていた。大阪府政・市政についてもコメントするんだけど、すべて僕に反対の姿勢。彼はまったく勉強していないから、頓珍漢な批判ばかりなんだけどね。

大阪都構想について、当初は、「都構想なんて不可能だ」「国会議員は大阪都構想なんて歯牙にもかけていないから、都構想のための法律制定など絶対に不可能」とほざいていた。反権力を商売道具にしている自称インテリの典型だよ。

そんな批判を受けながらでも僕は大阪維新の会をつくり、選挙で議席を得ながら、国政政党をつくって、法律改正まで進めた。それでも大谷は、自分の見通しの誤りを認めなかった。その後、公明党と政治的にもめて、僕が出直し市長選挙を仕掛けても、「そんな出直し市長選挙には意味がない」の一点張り。

まあ、**出直し市長選の意図を理解していた自称インテリなんて、彼以外にもまったくいなかった**ね。「出直し市長選挙をやったところで、市議会議員の構成は変わらないから、反対している市議会をひっくり返すことはできない。だからまったく意味がない」。コメンテーターはみんな、その程度の意見だったよ。

じゃあ、**僕の出直し市長選挙にはどんな意味があったのか。**

当時、維新の会は府議会、市議会で過半数を得ていなかった。だから、維新の会以外の政党がタッグを組めば、大阪都構想の設計図である「協定書」は否決されると思われていた。でも、大阪都構想の設計図である「協定書」の作成は、まずは「法定協議会」が担う。この「法定協議会」なるものは、府議会、市議会とは別物で、議会のルールを調べていくと、ある手続きを踏めば、議会で過半数を得ていない維新の会であっても、主導的に法定協議会のメンバーを入れ替えることができることを突き止めた。

そこで僕は、その「ある手続き」を踏んで法定協議会のメンバーを都構想賛成派に入れ替えて、大阪都構想の設計図である「協定書」を成立させることを決意した。ただし、法定協議会のメンバーを賛成派に入れ替えるということは、ルール上は許されていても、かなり強権的なやり方であることに違いはない。だから、僕や維新の会が一方的にやるのではなく、そのことを出直し市長選挙で問うことにしたんだ。

「法定協議会のメンバーを賛成派に入れ替えるなんて許せないということであれば、この出直し市長選挙で僕を落とせばいい」と僕は主張した。

ここから先は読者も知っていると思うけど、出直し市長選の結果、僕が市長に再選され、僕は公約通り法定協議会のメンバーを賛成派に入れ替えることができた。

このときに**反対派やメディアは、「民主主義を破壊している!」「独裁的だ!」と散々批判してきた**けど、僕は公約を実行しただけ。それがダメだというなら、選挙で僕を落とせばよかっただけなんだよ。

そもそも、本当は、出直し市長選挙なんかやらなくても、法定協議会のメンバーを賛成派に入れ替えることはできたんだ。でも、それを阻止するチャンスを反対派に与えるために、僕はわざわざ出直し市長選挙をやった。僕がどれだけ民主主義を重んじているか、よく考えてから批判してほしいね。

このような出直し市長選挙の意味を、大谷昭宏をはじめ、自称インテリたちは誰一人理解していなかった。大阪都構想の話が進まず事態が膠着したとき、その状況を打破するには、やはり民意のエネルギーを使うしかなかったんだ。

世界を飛び回り、世界を読み違え続ける「外交専門家」宮家氏

また、あのアメリカ大統領選挙によって、外交官出身で**「外交の専門家」を自称している宮家邦彦氏も、いかに使い物にならないかがはっきりした。**というのも、彼は大統領選挙期間中、徹底してトランプ批判をして、トランプは大統領に当選しないと断言していたからだ。この宮家氏が日本の外交官だったら、誤った見通しを政府中枢に進言し続け、アメリカとの外交は途絶え、日本の外交は破綻していたよ。外交官を辞めてコメンテーターになってくれて、ほんと日本は助かった。

彼の執筆しているコラムなどを読んでも、「自分は物知りだ」と知識を披露するものばかり。きっと、試験勉強をやらせたら点を取るタイプなんだろうね。でも、その時々の政治情勢、しかも超重要な世界の政治情勢をまったく読めない人間だということがはっきりしたよ。

僕がなぜ宮家氏に対してこのように批判的なのか。

それは宮家氏が、大阪都構想の住民投票の直前に、自身のコラムの中で、「世界の政治状況からすれば大阪都構想の住民投票なんて、なんてみみっちい話なのか」とバカにしてきたからなんだ。

彼はたしかに物知りかもしれないけど、彼が持っている程度の情報は、ネットで調べればすぐにわかることだ。彼は、よくインテリジェンスという言葉を用いて、「情報から将来の流れを読まなければならない」と、かっこよく言っているけど、**アメリカ大統領選の流れも何も読めていないい**じゃないか！

そして、「自分は世界を駆け巡り、国際政治に携わっているから、その視点からすると大阪都構想なんてローカルな話だ」……とは直接言っていないけど、そういう態度がにじみ出ていた。

なぜ、大阪都構想の住民投票が実施されることになったのか。そこに至るまでの政治運動、市民運動の過程などに思いを寄せることなく、「たかだか大阪の住民投票だろ」と小バカにした態度。**有権者の感情や大阪の地域課題にまったく考えが及ばないのは、まさに自称インテリの典型**だ。

こうなったら言わせてもらうけど、宮家氏なんて、会社の金か何かで外国に行って、学者や政治行政の関係者とおしゃべりしているだけの人間だろ？　産経新聞のあの役に立たない彼のコラムを見てよ。

冒頭はいつも「今、ワシントン行きの飛行機の中で原稿を書いている」とか、「どこどこのホテルの部屋で原稿を書いている」とか、「自分はグローバルに活躍しているよ」という自慢から入るんだ。**日本と外国を行き来することがすごいことだと勘違いしている、典型的なグローバル馬鹿**だよ。

自称インテリは物知りであることを自慢するけど、彼らが持っている程度の知識なら、今や**インターネットで「誰でも」「簡単に」入手できる。ゆえに、物知りの存在価値はそれほどない。単なる「物知り」よりも、誰もが入手できる情報をもとに「世情を読む力」のほうに価値がある。**

単なる「物知り」と「世情を読む力」は決定的に違うものだと、自称インテリたちにはそろそろわかってほしいね。

ポリティカル・コレクトネスが、「世情を読む力」を弱くする

アメリカ大統領選挙で自称インテリたちが結果を読み間違えた最大の理由は、「票を得るしんどさ」についての理解がなかったことだと思う。

綺麗事を言っているだけでは票は集まらない。選挙では何よりも、有権者の想いをすくい取る力が必要であり、有権者の想いをすくい取るためには、有権者の本音を理解する力が必要になる。

有権者の本音を理解しようとするとき、一番の障壁になるのがポリティカル・コレクトネス（政治的綺麗事）だ。**綺麗事を話す者同士で、かっこいい持論を交わすだけでは、有権者の本音はわからない。**

怒りも妬みも欲も抱くのが人間だ。差別意識もどこかにあるだろう。

ポリティカル・コレクトネスを重視する連中は、こういう人間の醜さを一蹴する。

自称インテリは、ポリティカル・コレクトネスを言っておけば十分に生活が成り立つ

人間ばかりだから、ポリティカル・コレクトネスしか言わない。でも、それは間違いだ。**人間の醜さを前提にして、その醜さを取り除くためにどのような策を講じていくか**。これを考えながら、泥臭く現状を打破していくのが政治なんだ。

大谷昭宏氏と宮家邦彦氏は、他人をバカにする態度も、そして常に綺麗事ばかりを並べ立てるところも同じだ。

大谷氏なんて、大阪の高級住宅街で立派な家に住んでるよ。あんなところで悠々自適の生活をしていたら、綺麗事だけではやっていけない有権者の怒りなんて、絶対に理解できないだろうね。**宮家氏も大谷氏も、現状によってたっぷりと利益を得ているから、現状を変えられたくない**んだ。だから、現状の変化を求める有権者たちをポピュリズムと斬り捨てるんだろう。

……と、ここまでが、以前メルマガで、宮家さんに反撃した部分だ。

その後、宮家さんと関西のある番組で一緒になった。僕は番組内で、「大阪都構想について中身で批判するのはいいけど、ローカルの話だとバカにするのはおかしい」と宮家さんに文句を言った。そうしたら宮家さんは、その点をちゃんと納得してくれた。もう宮家さんに反撃する必要はなくなったから、以後彼には普通に接している。

話を戻すと、**僕だけが有権者の怒りを正しく理解していると言うつもりはない**けど、それでも8年間の政治経験、すなわち数多くの有権者と直接コミュニケーションを取ってきた経験をもとに、そのへんの自称インテリよりも多少は有権者の本音を理解する力があると自負している。そういう力がなければ、一から政党をつくって、大阪という限られた範囲ではあるけれど、与党自民党とガチンコで選挙で闘うことなんてできないよ。

自称インテリを中心とする**政治エスタブリッシュメントやメディアが、アメリカ大統領選挙の結果を読み間違えたのは、結局、世間を理解する力が決定的に欠けていた**んだよね。現状に苦しんでいる有権者に対する、寄り添いが足りなかったんだろう。

この原因ははっきりしている。ポリティカル・コレクトネスを重視する自称インテリたちが、自分たちの狭い世界の中で固まりすぎなんだ。**有権者の本音をつかむためには、自分たちの世界から飛び出て、有権者の中に飛び込んでいくべき**だ。

また、膨大な数の有権者と直接コミュニケーションを取ったこともないのに、常識や世論という言葉を持ち出して、「常識的には……」とか、「世論は……」と政治を評論することも、有権者の本音をつかめない原因だろう。自称インテリたちの常識や世論というものは、彼ら彼女らの個人的意見にすぎないのに、それを有権者全体の意見だと錯覚してしまっているんだよね。

特にテレビのコメンテーターは、中野雅至氏のように「○○というのが民意だ」と勝手に民意を代弁するのはやめたほうがいい。それはあくまでも一コメンテーターの意見にすぎないということを自覚すべきだ。

選挙で勝つためには「闘う姿勢」と政治的な「色」が必要だ

選挙後は、トランプがなぜ勝ったのかの分析が花盛りだった。ラストベルト地帯（錆びついた工業地帯＝アメリカ中西部から一部大西洋岸に至る、衰退したかつての重工業地帯）を制したとか、白人労働者たちの怒りの声を吸収したとか、ヒラリーが黒人票を意外に吸収しきれなかったとか、後からいろんな意見が出てきた。こういう**分析は、後付けで選挙後に言うんじゃなくて、選挙前に情勢分析としてきちんと公にしないといけないし**、それができる人こそが、真の専門家、真のインテリだね。

選挙直後の分析は、選挙前や投票日の世論調査なども使ってやっていたようだけど、そもそもその世論調査による事前の選挙予測が外れたんだから、そんな世論調査をもとにした事後分析は当てにできない。

それに、勝つか負けるか、生きるか死ぬかの**選挙をやり続けてきた者であれば、巷の世論調査がどれだけ当てにならないか**もわかっている。

研究者が行う世論調査は、もっと信用力がない。サンプル数が少ないし、金とマンパワーが弱いから、統計学的な信用力もほぼないことが多い。世論調査って、きちんとやろうと思えば莫大な金がかかるんだ。僕も何度も選挙をやったけど、研究者の行う世論調査を当てにしたことは一度もない。

選挙の結論は極めて簡明だ。**政権与党であれば、これまで多くの有権者に満足を与える政治をやってきたならば勝ち。多くの有権者がこれまでの政治に不満を抱いてい**

たのであれば、負け。すなわち、野党の勝ち。

結局のところ、選挙ってそれだけなんだよね。

政権与党の時々の支持率は、個別政策について有権者が支持しているかどうかに左右される。だから、世論調査によってどの政策が支持され、どの政策が支持されないかを分析する必要性は高い。

しかし選挙というのは、短期間で大量の票・支持を取り付けるものだ。これは結局のところ、政権与党に対する信任投票の意味合いが大きい。

トランプは、「現状を変えてほしい」という多くのアメリカ国民の不満をすくい上げた。それはすなわち、オバマ前大統領は、アメリカ国民の多くに満足を与えることができなかったということだ。結局のところ、それだけなんだ。

でも、「不満」「満足」の中身にはさまざまなものがある。雇用、給付金、補助金、社会保障、税制、国家としてのプライド……などなど。

そして、これらの個別の不満や満足には明快な優先順位が付いているわけじゃないから、政策を個別に分析して、有権者の全体的な満足度をつかむことは不可能だ。

「公約のうち、AとBには賛成だけど、Cには反対」という場合に、その公約全体が支持されるのかどうかなんてわからない。さらに、短期的には有権者が嫌がることでも、未来への挑戦、未来への投資だということを理解してもらえれば、それは満足につながり支持を得られる。ゆえに、結局のところ、有権者が現状に満足しているかどうかを「全体的」に見るしかない。

この「全体的」に見るというのが難しいんだよね。政治を経験した人間として言わせてもらうと、これはある種、感覚的なものになってくる。自称インテリたちは、個別の政策についての有権者の反応を分析して語りたがるけど、選挙において重要なのは有権者の今の政治「全体」に対する、「全体的な」反応なんだ。

有権者は現状の政治に満足しているか、変化を求めているか。現状に満足しているなら、候補者は現状を全否定せずに問題点を指摘し改善策を提示しながら、現状の方向性をさらに推し進めることを強調する。有権者が現状に不満を持ち変化を求めているなら、候補者は徹底した現状打破、変化を強調する。これが選挙で勝つための実践的なノウハウだ。

個別政策についての有権者の反応を気にしなければならないのは、選挙のときではなく、政権与党が政権運営時に支持率を気にするときだ。

さらに、政治を経験した人間としてもうひとつ言わせてもらうと、有権者の支持を得るには、有権者に「満足」をもたらすことに加えて、**候補者自身が「強い大きなものと闘う姿勢」を示すことが重要になる。**それがいいか悪いかは別として、現実の選挙とはそういうものだ。

大統領選挙でも、「闘っていた」のは明らかにトランプだったし、一時の勢いからは失速してしまったけど、小池百合子さんが圧勝した2016年の東京都知事選挙のときもそうだったよね。僕の選挙や、僕が代表だった当時の「大阪維新の会」の選挙でもそこを意識していた。また、今回の大阪ダブル・クロス選挙で大阪維新の会は、大阪都構想や維新政治をつぶしにかかってきた自民党から共産党までのすべての既存政党や、それらを支持するあらゆる団体と闘った。

そのときに、**もっとも重要になるのが候補者や政党の「色」だ。**有権者は、候補者の個別政策を政治評論家のようには分析しない。有権者はそこまで暇じゃないからね。

候補者の態度、振る舞いを包括的に捉えて、個別政策間に多少の矛盾があっても気にせず、候補者の「色」を感じて、支持する、支持しないを決めるのが一般の有権者だ。

トランプ大統領には「アメリカ・ファースト」という「色」が、今回の大阪維新の会には「府市一体で成長」「次世代のための政治」という色が強烈に出ていたと思う。

このように政治家の「闘う姿勢」や「色」をもとに、有権者が支持・不支持を決める態度は、ある意味正しい。特に、現職候補者の公約・政策ならともかく、新人候補者がつくった公約・政策なんて、役所がきちんと検証したものではないんだから、実現可能な完成度の高いものになるわけがない。ある意味、言いっ放しの公約。旧民主党が政権交代を果たしたときの公約集が典型例だね。

だから**公約そのものを細かく吟味しても意味がない**んだ。候補者は当選後、公約を役所組織と議論しながら、実現可能な政策に具体化する作業をしなければならない。つまり選挙時ではなく、選挙後に公約が実現可能なものかどうかが判明する。

それなのに、**日本のメディアは選挙時の公約を絶対視して、候補者がちょっとでもそれを修正すると凄まじいバッシングをする。**少し前に流行った「マニフェスト」というものには、確定的な数値や工程表を求める。

でも、そんなのは役所組織が作るものであって、政治家の役割は、大きな方向性を示すことだ。このことを僕は選挙のたびに何度も説明したのに、メディアや自称インテリは聞く耳を持ってくれない。

たとえば僕は、日本のエネルギー政策のこれからの大きな方向性として「脱原発依存」を掲げていた。しかも、市場メカニズムによって大型商業原発が淘汰されるという方向性まで示した。安全基準を厳格化し、独立した原子力規制庁がそれを原発に厳しく適合させることによって、徐々に原発はフェードアウトしていく、とね。

ところがメディアは、この程度の方向性では満足しない。「いつフェードアウトするのか」「その具体的な工程表を示せ！」と、そればかり言っていたよ。「そんなことは維新の会がある程度の議席を得たうえで、霞が関の役所組織に指示を出してつくらせるものだ」と僕は説明したのに、メディアはまったく理解しない。

でも**今の原子力発電所の状況は、結局僕が言っていた通りになっている**よね。新しい独立した原子力規制庁が発足して厳格な安全基準が設けられ、厳格に適用されている。

このような行政実務は、政治家ではできない仕事。まさに役所の仕事だ。そして、大型商業原発は即時ゼロにはならないけれど、徐々に淘汰されつつある。政治家は大きな方向性を示し、役所がそれを具体化する。これが政治、行政の役割分担なんだ。

だから、選挙の段階で**候補者を選択するのに必要なことは、候補者の公約から選挙用の修飾的なフレーズを削ぎ落とし、細かなディテールではなく、その公約を出してきた候補者の「根っこの思想」をあぶり出すこと**だ。この根っこの部分を、別の言葉で表したのが「候補者の色」「大きな方向性」ということになる。

この候補者の根っこの部分の理解ができれば、公約の多少の修正には驚かない。そもそも公約なんて、候補者が当選後にやらなければならない仕事のうち、ほんの０．００００１％くらいの量、いや、それにも満たないくらいのものなんだから、公約だけを吟味したって仕方がない。

どの政治家を選ぶのかにおいて重要なのは、今後無数に出てくる課題に対してその政治家がどのような態度を取るかを規定する、政治家の根っこの思想部分、すなわち

「色」。これさえ理解できれば、公約に書かれていなくても、今後その候補者（政治家）がどのような政策を実行していくのか、どのような態度・振る舞いをするのかを予測することができる。

トランプなら常に「アメリカ・ファースト」。現状を変えるためなら、他国との諍いも気にしない政治。大阪維新の会なら、府市一体、次世代への投資、特定の団体へ配慮することはない政治。だいたいこういう方向性を予測できるよね。そして有権者は、その「色」を支持したんだ。

演説にセレブを呼んで自滅したヒラリーへ

大統領選での**トランプの成功は、強烈な「色」を出し続けた結果**だ。彼の色には、当然賛否両論あったけど、どんな「色」がより強い支持を得られるかは、結果を見なきゃわからないところがある。政治家として「これでいける！」と思っても、ヒラリーみたいに結果がついてこない場合があるからね。だけど、とにかく「色」が出なければ、選ばれる可能性すら出てこない。

僕は、**政治家が出すそれぞれの「色」について、専門的に分析することこそが、自称インテリの第一の責務**だと思っている。個別の政策の違いではなく、「色」だ。そして、どちらの「色」がより強く有権者からの支持を受けるかについて、事前に的確に読み切ることなんてできないんだから、どちらの候補者が勝つか負けるかの予測よりも、「色」の違いを徹底的に論理的に分析してほしいよ。

トランプのときもそうだったけど、態度が差別的だ、下品だなどとレッテルを貼っても意味がない。細かな揚げ足取りも無意味だ。候補者の人格なんかについては、自称インテリに言われなくても、有権者が簡単に判断できることだ。それに、どうせ自称インテリたちも、有権者が見ているのと同じテレビ映像なんかを見て人格を評価しているだけなんだから、それについてもったいぶってしゃべる必要はない。

では、ヒラリーの「色」はなんだったのか。報道などを通じた情報の全体を踏まえると、「メディアや自称インテリたちから文句を言われないようにする」、すなわちトランプのアンチテーゼとしての態度振る舞いしかなく、ヒラリー自身の「色」というものがなかった。**日本の野党や、大阪の自民党をはじめとする既存の政党と同じく、とにかく相手に反対しているだけ。**

もちろん、女性の活躍促進や多様性、寛容性、国際協調を主張していたけど、それも自称インテリたちがよく言うレベルのことにすぎず、政治的な「色」がはっきりと打ち出されたものではなかった。

国際協調というならTPPには賛成すべきだし、多様性というなら難民は無制限に受け入れ、不法移民にはすべて市民権を与えるというくらい「色」を出すべきだった。だけど、実際は支持者やメディアの目を過度に意識しすぎて、TPPには反対、移民・難民にも厳しく対処するという方針を打ち出してしまった。これじゃ、国際協調や多様性・寛容性の「色」が出ないよ。

ヒラリーは富裕層への増税というようなことも言っていたけど、それを言うなら、累進課税、資産課税、相続課税の極端な強化策、そしてウォール街と徹底的に闘う姿勢を示すべきだった。加えて、オバマケア（国民皆保険制度）のさらなる徹底的な拡大を打ち出すべきだった。

ところが**ヒラリーは、そのような強烈な「色」を出して富裕層に反発されることを恐れ、逃げてしまったん**だ。たしかにヒラリーの中途半端な主張によって、反対意見は少なくなったのだろうけど、逆に強烈な支持の声も少なくなってしまったと思う。だから負けたんだ。

トランプは真逆。徹底して「色」を出した。強烈な批判も受けるが、強烈な支持も受ける。**二者択一的になる選挙においては、有権者の強烈なエネルギーの後押しを受けた者が勝つ**。

その他にも、ヒラリーがポリティカル・コレクトネスに神経を使いすぎて、有権者のワシントン政治への不平不満を十分に捉え切れていなかったことを表す象徴的な出来事が、選挙終盤にあった。彼女は、ロックスターのジョン・ボン・ジョヴィをはじめ、いろんなセレブを従えて、最後の演説をやったんだ。セレブたちが唱えるポリティカル・コレクトネスに乗っかって、支持を広げようとした。僕は、これはまずいなと思ったよ。

今回の大統領選挙では、アメリカ国民のワシントン政治、政治エスタブリッシュメントへの不平・不満がトランプ旋風につながっていることは明らかだった。こういう状況の中で、政治エスタブリッシュメントの象徴でもあるセレブたちを集めて最後の演説をするというのは、どういう感覚なのかね。それでは、ますます政治エスタブリッシュメントに対する批判を増長し、トランプ旋風を後押しすることになってしまう。

現在、多くのアメリカ国民が経済的に苦しんでいることはたしかだ。そんなときに、経済的に大成功を収めたセレブを集めて何がしたかったんだろう。

セレブは、今のアメリカのままであってほしい。**セレブがヒラリーを応援したのは、「ヒラリーに何かをやってもらいたいから」じゃない。「トランプによって今のアメリカを変えられたくないから」**ヒラリーを応援するんだ。「政治なんていうくだらないもので、アメリカをややこしい方向に向かわせないでね」「今のままを保ってね」と思っているだけ。

こんなセレブたちの応援を受ければ、トランプ旋風の原動力である現状への不満を抱いている有権者の怒りをますます大きくすることは、火を見るより明らかだったのに。だいたい、セレブを集めての選挙終盤の大集会なんて、今どき日本の選挙でもやらないよ。

セレブが応援すれば支持が広がると考えたあたりが、ヒラリーが国民の支持を得られなかった理由の象徴だろう。最後の演説は自爆だ。

そういえばヒラリーは、ニューヨークのハーレム地区のど真ん中に、自身が関係する財団の事務所を構えて、選挙期間中歩いてハーレム内のソウルフードの店に食事に行っていたらしい。だけど、あの演説を見ると、それすら「私は貧困地区の人たちと一緒にあります」ということを示す、ポリティカル・コレクトネスのパフォーマンスだったのかと疑っちゃうよ。

僕は、このヒラリーの事務所界隈を見に行って、ハーレム内のそのソウルフードの店にも行ったけど、ヒラリーがそこにわざわざ通うというのは、なんか胡散臭さを感じたね。

選挙終盤の最後の最後にセレブの力を借りるくらいなら、ヒラリーもわざわざハーレム内に事務所を構えず、最初からフィフス・アベニューか、セントラル・パーク横のアッパー・ウエストか、アッパー・イーストのセレブ地区に、トランプ氏のように堂々と事務所を構えればよかったんだよ。

選挙中のヒラリーにはとにかく、自称インテリにつきまとうポリティカル・コレクトネスの胡散臭さを感じた。僕がひねくれすぎなのかもしれないけどね。

他方、トランプは派手な芸能人は呼ばず、終始「アメリカ・ファースト」という強烈な「色」を発して、あくまでも自身が訴えかけた。どれだけ世界中から批判を受けようとも、彼の政策はすべてが「アメリカ・ファースト」の強烈な「色」を放っていた。そのすべてが、「現状を打破できる」「強いものと闘ってくれる」新しい大統領像として、有権者の支持を集めたんだろう。

そうそう、最後の演説は、経済的に寂れた田舎町でやったらしい。完全に自分の「色」をわかっていたよね。

CASE 5

トランプ大統領と新聞・テレビのバトルをどう見るか

Donald J. Trump

Mexico is doing very little, if not NOTHING, at stopping people from flowing into Mexico through their Southern Border, and then into the U.S. They laugh at our dumb immigration laws. They must stop the big drug and people flows, or I will stop their cash cow, NAFTA. NEED WALL!
7:25 - 2018.4.1

メキシコはあちらの南の国境から入国し、さらにアメリカへ入る連中を阻止するため全然何もしないか、大したことをしない。そしてアメリカの愚かしい移民法を嘲笑している。メキシコは麻薬と人間の大きな流れを阻止しなくてはならん、嫌なら私は彼らの金のなる木のNAFTAを停止する。それと、国境に壁がいるのだ！

僕にはメディアとやり合うトランプの気持ちがわかる

トランプのおっちゃんは、相変わらずメディアと大喧嘩しているけど、その気持ちはわからなくないよ。僕も自称インテリたちに対しては今でもツイッターで反論することがあるし、知事、市長時代は会見などでメディアとも徹底的にやり合った。だから言うわけじゃないけど、喧嘩するくらいのほうが馴れ合いよりもよっぽどいい。トランプに罵倒されたCNNは、大統領選挙後、トランプ追及チームをつくったらしい。いいじゃないか!! 他のメディアだって、トランプ大統領やホワイトハウスに気を使う必要は一切ない。

トランプとメディアのガチンコの喧嘩状態によって、「政治家と記者との人間関係をもとに、他社と横並びの情報を入手できる代わりに、特ダネ競争が生じない」という**歪んだ今のメディアの状況から、「各社が本気で取材競争をする状況」に変わることを僕は期待している。**しかも、国民が本当に望んでいる、深掘りした調査報道で各社が競争する状況をね。これはアメリカのメディアに対してだけでなく、もちろん日本のメディアにもそうなってほしいと思っている。

メディアの側も、いわゆる政治部の常識にどっぷり浸かってしまっているのか、メディアが報じる情報と、国民が求めている情報との間にかなりの乖離があるように感じる。**メディアはいわゆる政治部の価値観で重要だと感じる情報を報じるけど、それは正直、国民にとってはどうでもいい**情報であることが多い。

たとえば、首相が解散をいつするのかという情報が、いわゆる政治部や永田町におけるトップ中のトップの情報となっていて、永田町に生息する政治部記者たちは、この情報をつかむことに命を懸けている。

そりゃ国会議員にとっては、いつ解散されるかという情報は死活問題だろう。選挙は自分の身分を守るための最大のイベントで、それがいつなのかによって、準備が必要になってくるからね。でも、国民にとってはどうでもいい情報だ。首相が解散宣言をしてから、後でそのことを報じてもらうだけで十分。国民は、首相が解散する時期を事前に知る必要はまったくない。

ところが、永田町の記者たちの間では、首相がいつ解散するかという情報を、少しでも早く入手した者に最高の栄誉が与えられる。

こういった例に限らず、メディアと有権者の意識が乖離しているところはたくさんある。メディアは、国民が本当に求めている情報、本当に国民のためになる情報を捉えきれていないと思う。ちょうど、政治家や自称インテリが、国民の意識を捉えきれていないのと同じだね。

そして、**政治と有権者を媒介するメディアが有権者（国民）の意識を捉えきれていないことが、政治と有権者の乖離を生む原因になっている。**政治と有権者が今乖離しているのは、メディアの責任だと言っても過言ではない。

メディア側ももうそろそろ、国民が必要としている情報は何かについて、国民視点で考え直さないと、国民から本当に愛想を尽かされるよ。

だから、トランプとメディアの大喧嘩状態は、僕は大歓迎だ。政治とメディアの馴れ合い関係に終止符を打ち、これまでのいわゆる政治部の価値観による報道を見直す機会となり、メディアが政治をきちんと調査するきっかけになるかもしれない。これは、国民にとってはいい傾向だ。ただ注意しなければならないのは、ホワイトハウス側がメディアの切り崩しをしてきたときだね。

「切り崩し」とは、敵と味方に分け、味方には情報を渡し、敵には情報を遮断すること。取引や駆け引きに自信のあるトランプなら、メディアとの取引もやってくるだろう。

味方に位置付けられたメディアは、特別な情報を手に入れる代わりに、完全に権力の犬となる。敵に位置付けられたメディアは、特別な情報ほしさにトランプの味方につきたい動機が強くなり、権力と闘うガッツを揺さぶられる。このときにメディアがどう振る舞うかが勝負どころだね。

国民のことを思えば、メディアにはとことんトランプ・ホワイトハウス側と闘ってもらいたい。そして、トランプのおっちゃんも、メディアを裏で取り込むんじゃなく、言論闘争の範囲内で、表でガンガン闘ってもらいたい。

トランプのおっちゃんは、とことん質問を受けて、ガンガン反撃すればいい。そして最後は有権者が判断する。これが民主政治だ。トランプがメディアと喧嘩すること自体を大人げないと批判する自称インテリたちの頭の中には、政治とメディアの馴れ合いの弊害がまったく浮かんでいないと思う。

アメリカのメディア数百社が、一斉にトランプ大統領に抗議記事を書く運動を行ったことがある。「トランプはメディア攻撃をするな！」「報道の自由の侵害だ！」と。

だけど、僕は言いたい。あのね、そうやって一斉に**抗議記事を書けること自体、報道の自由が守られている証拠**なんだよ。これが北朝鮮はもちろん、中国、ロシア、トルコ、シンガポールなどの国だったら、たちまちそのメディアはつぶされる。

メディアがトランプのメディア攻撃に対して、さらなる反撃を食らわすのはいいことだ。でも、その反撃は、「報道の自由の侵害！」という自称インテリたちがよく口にするお決まりのフレーズでやるべきじゃない。

このフレーズは、それこそトランプ政権がメディア会社の人事や経営に介入してきたときには、民主主義を守る大義となるけど、そうでない限りは、単なる抽象的なフレーズで、まったく意味をなさない。トランプ政治の中身を具体的に批判することで徹底的に抗議すべきだ。

ちなみに令和元年5月、天皇陛下即位後最初の国賓として、トランプ大統領は日本にやってきた。そのときの記者会見では、アメリカの記者と日本の記者の力量の差が歴然としていたね。アメリカの記者の質問は鋭い。それに対して、トランプの回答も、官僚が用意した答えではなく、トランプ自身の気持ちの入った当意即妙の答えだった。役所的にはまずい答えも多々あっただろうけど、そんなのは後で訂正すればいい。ここでも、アメリカ政治のダイナミズムを感じたよ。

メディアや自称インテリの使う「ポピュリズム」の本当の意味

イギリスのEU離脱を決めた国民投票やトランプが勝利したアメリカ大統領選挙、そしてレンツィ元イタリア首相が提起した憲法改正を否決したイタリアの国民投票。分析すればするほど、それぞれの国の国民の判断は妥当だったと僕は感じる。これは日本のメディア、世界のメディア、自称インテリたちの感覚とは真逆だろうけど。

昨今のメディア、特に新聞には笑っちゃうよ。どこまで「ポピュリズム」という言葉が好きやねん！

新聞の政治記事を読む間に、何回「ポピュリズム」という言葉に出くわすか。

これは日本だけでなく、世界のメディアでも同じ傾向だ。新聞だけでなくその他の紙メディア、そして自分は賢く、**自分以外の国民は愚かだと信じ切っている自称インテリの記事になればなるほど、「ポピュリズム」という言葉が氾濫する。**

読売新聞２０１６年12月5日夕刊の、イタリア国民投票の解説記事を引用する。

欧州　大衆迎合のうねり

レンツィ伊首相が進退を懸けて問うた憲法改正は予想外の大差で否決され、イタリアを覆う**ポピュリズム**（大衆迎合主義）のうねりの大きさを改めて示した。長引く景気低迷や高止まりする失業率に有効な対策を打てない既存政治や権威に対する国民の不満や怒りは強い。英国の欧州連合（ＥＵ）離脱、米大統領選でのトランプ氏勝利に続き、大陸欧州も**ポピュリズム**にのみ込まれた。

レンツィ氏の事実上の信任投票となった国民投票で、『反レンツィ』運動に火をつけたのは、新興**ポピュリズム**政党の五つ星運動だ。体系だった政策を訴えるのではなく、反緊縮財政、反腐敗といった既存政治への不満の受け皿として勢力を伸ばし、英米の余勢を駆って全国でキャンペーンを展開した。2018年に予定される総選挙で、欧州通貨ユーロからの離脱を掲げる同党の躍進も現実味を帯びてきた。

一方、オーストリア大統領選の決選投票では、難民規制など**ポピュリズム**的政策を訴えた極右政党の候補者が敗れ、**ポピュリズム**に一定の歯止めがかかった。

欧州は来年、『選挙イヤー』を迎える。3月にオランダ総選挙、春に仏大統領選、秋には独総選挙があり、いずれも**ポピュリズム**勢力の伸長が予想されている。イタリアで起きたうねりが、欧州諸国に連鎖的に影響を及ぼしていくのか注目される。（欧州総局長　森太）

この解説記事は、「ポピュリズム」という言葉だけでイタリア国民投票や欧州政治を語っている。そこにレンツィ改革についての深い洞察はない。

はっきり言うけど、**この解説記事の「ポピュリズム」という言葉には何の中身もない**。ポピュリズムという言葉で、「そのような判断をした国民はバカだ」「愚かだ」と決めつけているにすぎないんだよね。さすがに国民はバカだ、愚かだなんてことをダイレクトには言えないから、ポピュリズムという言葉を使っているだけ。これも、「お前はバカだ」という本音の部分を隠して綺麗事を言う、ポリティカル・コレクトネスの一種だね。

この言葉は単なるレッテルにすぎないから、「ポピュリズム」という言葉じゃなくて、ピコ太郎氏の「ＰＰＡＰ」でもなんでも文意は通じる。引用したさっきの読売新聞の解説記事の「ポピュリズム」という言葉を「ＰＰＡＰ」に置き換えてみてよ。それでも十分意味が通じるから。それほど、このポピュリズムという言葉にはなんの意味もないってことだ。

むしろ、**ポピュリズムという言葉を「国民のバカな判断」「国民の愚かな判断」と置き換えれば、すごく意味が通じる**よね。

この読売新聞の森氏には、イギリスのＥＵ離脱には反対、イタリアのレンツィ改革には賛成、トランプの当選には反対、イタリアの五つ星運動には反対、オーストリアの自由党党首・ホーファー氏が大統領になることには反対、という絶対的な結論が先にある。もちろん、人にはそれぞれいろいろな考えがあるから、森氏がどのような持論の持ち主でもそれは構わない。問題はその説明の仕方だ。

メディア、特に読者に物事をじっくりと考えさせることを目的にした活字メディアの場合は、説明の仕方こそが命だ。活字メディアの説明が、有権者が政治評価をする際に参考にされ、政治選択という選挙の場においては、有権者の投票行動に大きな影響を与える。**活字メディアの説明の仕方が、民主政治のレベルを決めると言っても過言ではない。**

では、森氏の解説はどうか。この解説は、今の自称インテリたちによる解説の典型例だ。自分の考えと異なる意見に対して、世間では悪いイメージが付いている「ポピュリズム」というレッテルを貼って批判しているだけ。なぜダメなのかをもっと深掘りしなければならないのに、実質的な中身の批判は何もない。

ここが今の新聞、活字メディアがダメになってきた根本原因だ。

レベルの低いコンテンツで「安かろう、悪かろう」はもう通用しない

そもそも、新聞に出てくる自称インテリたちの顔ぶれはいつも同じだ。そして、新聞ごとに顔ぶれが固まっている。普段新聞は「多様な意見を尊重しろ」とか言っているのに、**新聞自体が多様性のない固定的な意見になっているんだよ。**

これは、新聞の今のビジネスモデルに大きな原因がある。時代の流れにまったくついていけてないんだよね。

新聞って、基本的に取材料を払わないんだよ。誰かの意見を載せるために取材をしても、**「俺たち新聞様にあんたの意見を載せてあげるんだから、取材費無料でもありがたく思え」**って感じ。

建前として、「取材対象者にお金を払うと、取材対象者がお金目当てになって発言が歪む」とか「発言をお金で買うのは倫理上おかしい、報道の中立性を歪める」とか言っているけど、そんな建前で騙せるのは世間を知らない自称インテリくらいだよ。

記者はもちろんのこと、持論を社説やコラムで掲載している自社の論説委員や編集委員、その他の社内コラムニストはどうなんだ？　自分たちの会社の社員にはたっぷりと給料を払っているのに、社外の第三者に金を払わない理由はなんだ？

発言が歪む、発言を金で買うのはおかしいというなら、自社の論説委員や編集委員、社内コラムニストの給料も無給にしなきゃいけない。

新聞社に属する者は給料をもらい、社の方針に従う記事を書いていると思うけど、それこそ中立な記事にはならないよ。

いくらもっともらしい建前を言ったところで、**結局、大手新聞社はコンテンツをできる限り安く仕入れることしか頭にない**んだ。仕入れ値を安くすれば、当然新聞社の利益が上がり、社員の給料は豊かになる。

たしかに、新聞に自分の意見が掲載されることだけで自分の利益になるという人が存在することは否定しない。名前が知れ渡るとか、大学内で一目置かれるとか、その「利益」は発言者によっていろいろだけど、やっぱり表現は人間にとっての自己実現の柱だ。自分の意見が多くの人に伝われば、大きなやりがいと満足感が得られる。だから、大手の新聞に自分の意見が載ることだけで十分と考える人も多いだろう。

それで、**取材料・原稿料は無料でもいいから自分の意見を載せてもらいたい**、という自称インテリも多くなる。そこに、できる限りコンテンツの仕入れ値を安くしたいという新聞社の思惑が一致して、結局、同じ顔ぶれの自称インテリばかりが新聞紙面を飾る。

でも、無料でコンテンツを提供する人の記事ってだいたい当たり障りのない、つまらないものが多いよね。まさに安かろう、悪かろう、だ。新しい視点や新しい切り口の提供がない。時間をかけて読んでも、「結論なしか！」「だからなんやねん！」「そんなこと誰でも言えるわ！」と言いたくなることが多い。

事実の列挙、学説の列挙、ちょっと誰かから聞きかじったことの披瀝、差し障りのない意見……。現実無視の頭の中だけの抽象論や、「これは難しい問題だ」「深い議論が必要となるだろう」「今後を注視しなければならない」「さまざまな視点から検証が必要だ」なんていう結論ばかり。もう聞き飽きたよ。

取材料無料レベルのインテリに共通しているのは、いつも具体的な指摘がないことだ。「橋下はポピュリズムだから悪い」「橋下は喧嘩ばかりしているから悪い」「橋下は独裁者だ」「橋下は選挙至上主義者だ」って言われるだけじゃ、こっちも何をどう直せばいいのかわからないじゃないか。

そういえば、毎日新聞社の雑誌『サンデー毎日』には、「橋下は8年間何もやってこなかった」と書かれたことがある。おいおい、8年間何もやらなくて、こんなに白髪が増えるかよ！

「何もやらなかった」っていうのも、自称インテリに多いコメントだ。大谷昭宏氏のコメントも、いつもこれ。大阪で僕がやってきたことを何ひとつ勉強していないし、調べてもいない。僕が何もやらなかったんではなく、大谷が何も勉強していなかっただけなんだよ。本当に何もやってこなかったなら、選挙で支持されるわけないだろ！

もちろん、僕がやってきたことがすべて正しいわけじゃない。間違っていたこともあるだろう。だからこそ、僕の具体的な言動・政策をきっちりと検証して、具体的な理由で批判してほしいんだ。これこそが自称インテリの役割であり、そして権力チェックと有権者への情報提供を使命とするメディアの役割だ。

抽象的な思想や、抽象的なフレーズのレッテル貼りで当該政治家の政治を批判するのではなく、当該**政治家の具体的な政治活動、政策、言動を具体的に捉えて具体的に批判する。**こういうメディアや自称インテリの登場が必要だね。一コメンテーターとなった僕も、政治批評をするときにはこれらを肝に銘じている。

今、新しい気づきを与えてくれるのはネットの世界ばかり

「こんな考え方もあるのか」と気づかされる新聞記事もたまにあるけど、最近はぐっと減ってきたね。

以前のように表現する主体が新聞・テレビ・雑誌などの大手メディアに限られていた時代は、コンテンツ（記事）提供者も読者も、既存の大手メディアのやり方に従わざるを得なかった。コンテンツ提供者は安い値段で買い叩かれてもそれを受け入れざるを得ず、読者も、新聞・雑誌しか情報収集手段がなかったから、つまらないもので

もそれらを購入せざるを得なかった。テレビもたった5局のチャンネルの中から選ばざるを得なかった。

でも、今の時代は違う。**ネットが既存の表現主体の既得権をぶち壊した。**コンテンツ提供者は新聞・雑誌にコンテンツを提供しなくても、ネットを活用して正当なコンテンツ提供料・取材料を得ることができるようになった。読者もネットでどんどん情報収集ができる。新しい切り口、新しい視点などはネットで仕入れることが多くなってきたので、つまらない新聞・雑誌を仕方なく購入する必要がなくなった。人々のテレビを観る時間が減り、ネット動画を観る時間が増え、それによってユーチューバーなどネット動画を提供することで多額の収入を得る者も増えてきた。

こんな時代だからこそ、新聞・雑誌も、「取材料無料・コンテンツ仕入れ無料」というこれまでの考え方から、**「コンテンツ・ファースト」の考え方に改めないといけなくなってきた**と思う。これまでのやり方をただ踏襲するだけでは、衰退していくのは間違いない。

ちなみに、「外交専門家」のあるインテリは、大統領選に勝利したトランプが大統領に就任する直前に、台湾の蔡英文総統に電話をかけたことについて、「そんなことをやるとは想像もできず、ひっくり返った」と、ある大手新聞のコラムに書いていた。いったいこの人は、いつも誰と意見交換をしているんだよ。トランプのあんな行動くらい、僕でも簡単に予測できたよ。

トランプの蔡総統への電話。あのやり方は、現状打破の鉄則として、完璧すぎるくらい精緻な段取りだった。そしてその破壊力、政治的なメッセージは、特大級のメガトンパンチだ。**同盟国にとっては「頼れるトランプ」になったし、中国やロシアにとっては、「今までのオバマ大統領とは違う対応をしなければ」という緊張感が走った**はず。

その後、オバマ前大統領にあれだけ悪態をついていたフィリピンのドゥテルテ大統領は、「トランプ氏とは仲良くやっていきたい」とアメリカに対する姿勢を大転換したよね。中国も、蔡総統のことを「プレジデント」と称したトランプを非難することなく、台湾を非難。**トランプのおっちゃんは、中国に対して就任前から乾坤一擲のメガトンパンチを繰り出した**んだ。

これがリアルな国際政治だ。くだんの外交専門家のインテリには想像もできなかったようだけど、大手新聞社は、こんな自称インテリのコラムをいまだにコンテンツとして使っている。彼は世界を股にかけて、いろんな人間と意見交換しているらしいけど、そもそもその相手がコンテンツ無料提供者レベルなんじゃないかな。

テレビ討論から逃げ、知事・市長・政党代表に文書で反論を要求する勘違い野郎

僕が大阪府知事・大阪市長として公職に就いていたとき、そりゃあいろんな学者や自称インテリたちが僕の政策や態度振る舞いに文句を付けてきた。その中でも、特に**政策論争というより僕に対する人格攻撃で絡んできたのが、内閣官房参与という公職にあった京大教授・藤井聡**だ。

藤井は、自民党の大阪市議会議員には、「おそれながら申し上げます」なんて、「い

つの時代なんだよ！」と笑ってしまうくらいの権力にこびへつらったメールを送り、自分がテレビ出演者としてどれだけ自民党有利になるように頑張っているかをアピールしていた。そして、自分のブログでは「内閣官房参与」の肩書を使って大阪都構想を批判しているもんだから、当時市長だった僕が「それは内閣としての意見なのかはっきりさせろよ」と会見でクレームを付けたんだ。すると藤井は、ブログからこっそりと「内閣官房参与」の肩書を外していた。

また、テレビ出演者としては放送法の趣旨に照らし合わせて、選挙応援はご法度なんだけど、この**藤井は「反橋下・反維新・反大阪都構想」の立場で、反維新の議員や市長の政治パーティや政治集会に参加して、選挙応援とも取られかねない活動をしていた**。それで、そのことについても会見で指摘したら、さすがにテレビ局からも藤井に指導が入ったのか、藤井は選挙応援まがいのことをやめてしまった。

本当に反維新、反橋下の信念があるなら、普通はテレビ出演をやめても、選挙応援まがいの活動を貫くはずだ。それなら、まだ少しは骨のあるところを認めてやってもいいんだけど、彼にはそんな気概もない。

そして、自分があれだけ批判していた橋下府政・橋下市政・大阪都構想なんだから、僕が政治家引退宣言をした後の、2015年11月の大阪府知事選挙・大阪市長選挙のいずれかに自分が出馬すればいいのに、それからも逃げ回っていた。今回の2019年4月7日の大阪ダブル・クロス選挙なんて、自民党は知事候補も市長候補もなかなか見つけられなくて困っていたんだから、藤井が男気を出して立候補すればよかったんだよ。それなのに、結局、「口だけ」なんだよな。

まあ、これが藤井の実態だよ。一言で言えば、情けない。「キンタマついてんのか！」って感じ。学者の世界だったら、こういう人間でもやっていけるのかもしれないけど、政治の世界ではとてもじゃないけど務まらないね。本当に人間が「せこい」んだよ。

だいたいこの男は、内閣官房参与なんてものに、自民党の二階幹事長の計らいで就いていた（2018年12月に退職）みたいだけど、もともとは今の安倍政権の基本方針と反対の政策を主張していた人間なんだ。TPPには反対、規制緩和や構造改革などによる競争促進にも反対。まあ、典型的な改革反対派なんだよ。

それだけ安倍政権と政策の立場が異なるんだったら、内閣官房参与になんて就かなければいいのに、たぶん、**権力の犬になってでも「内閣官房参与」という肩書をもらいたかったんだろう**。参与というなら、あれだけ持論として主張していたＴＰＰ反対や競争促進的な改革反対の見解を、きちんと内閣に進言して、その方向に持っていけっていうんだよ。

なんで僕が、この藤井にここまで反撃するのかというと、まあこのおっさん、学者とは思えない人格批判を僕にしてきたんだよね。自民党の西田昌司参議院議員との対談では、「橋下は道頓堀のヘドロだ」みたいな批判をしてきた。また「橋下とは友達になりたくない」だって。

お前にそんなこと言われる前に、**そもそもお前は俺の友達として失格だよ！** こっちから願い下げだ。こういう連中から人格攻撃を受けた以上は、徹底反撃しておかないとね。

僕が市長のときに、この藤井が、大阪都構想についてテレビ番組でいろいろいい加減な反対意見を言うもんだから、僕は彼に「公開討論をさせてくれ！」と言った。だけど、結局は彼がなんやかんやと理屈をつけて拒否したらしい。テレビ討論は成立しなかった。

　日本国憲法下の表現の自由において、「反論権」は認められていないから、テレビ局側にテレビ討論を拒まれるのは、まあ仕方がない。討論番組をやる、やらないの自由を含めて報道側の自由を強力に保障しなければ、権力側の要求がいつの間にか報道側の報道の仕方に影響しはじめ、最終的には権力によるメディア統制につながっていく危険性がある。だから、権力側からの反論権は認めないという理屈には理がある。

　ところが、**テレビ討論から逃げた藤井は僕に「文書で反論しろ」と言ってきた。**自分の主張はブログに書いているから、それについて文書で反論してこい、と。

　ふざけんじゃないよ。なんで知事、市長、政党の代表というポジションに就いて、日々府政、市政、政党運営の膨大な量の業務をこなさなければならない僕が、一学者のブログに、いちいち自ら文書で反論しなきゃならないんだ?

　そういやこの藤井って人間は、必死になって自分をメディアに売り出している最中に、当時市長だった僕に対する批判記事をある雑誌に掲載していた。**権力に対して喧嘩を売るのは、自称インテリが自分を売り出すときによくやるやり口**だけど、まあそれは民主政治においては結構なことだ。具体的な政策批判はどんどんやればいい。実際、売り出しに成功したのか、大阪では反橋下、反維新、反都構想のシンボルのように扱われ、先日、政治と金の問題で辞職した竹山修身前堺市長とは、ガッチリとタッグを組んでいた。

ただ、この男は「反論歓迎！」なんて雑誌の見出しに書いて、当時の僕を挑発していた。どこまで勘違いしているんだよ。自分が何か書けば、必ず相手にしてもらえるとでも思っているのかね。

ほんと学者って、勘違いしている人間が多いよ。

当時市長だった僕は、藤井がテレビという公共の電波を用いて、数百万人の有権者に間違った情報を与えていることを正すために「公開討論をさせてくれ」と言ったわけで、一学者とちまちま議論をしたかったわけじゃない。藤井という個人を相手にしているのではなくて、有権者を相手にしているということがわからないのかね。

藤井のブログの存在はもちろん、彼の主張なんてそもそも多くの有権者はほとんど知らないわけで、メディアを通さない藤井との個人的なやり取りが、有権者・世間への有効な情報提供になるわけがない。藤井は、自分には社会的に影響力がある、多くの有権者が注目してくれていると思っているのかもしれないけど、それは勘違いも甚だしいよ。**「先生、先生」と少数の大学生に崇められる大学の教室の中で長期間暮らすと、こういう勘違い野郎になってしまうんだろう**ね。

「漸進的改革」を求める中島氏、じゃあどこからが急進的なのか

そういえば、**中島岳志というこれまた勘違いの学者がいた**な。

安保法制の国会審議が佳境を迎えているとき、安倍首相に対して「お前は人間じゃない。叩き斬ってやる!」(一応この言葉の前には、「民主主義の仕組みで」という言葉は付いている)とデモで放言した、あの山口二郎という学者の弟子。

師匠が師匠なら、弟子も弟子だよ。

この中島がコメンテーターとして出演していた大阪の生放送の番組に、当時市長だ

った僕がゲストで呼ばれたんだけど、そしたらこの中島は「権力者を称賛するような この番組はおかしい」「『メディアは誤報している』と主張する橋下を番組に呼ぶことはおかしい」という趣旨の抗議を、生放送がはじまった途端にしやがった。いやいや、君の頭のほうがおかしいよ。

君は一出演者で、番組の権限者・責任者じゃないんだ。番組が嫌なら、番組に出なきゃいいだけだ。こっちはゲストで出演したのに、呼んでおいて「来るな」って、どういう了見だよ。まあ、「橋下さんに言っても仕方がないことだけど」というエクスキューズは付けていたけど、そんな話は放送中にするんじゃなくて、番組がはじまる前にケリを付けておけよ。

この中島の口癖は、「上から目線」。僕の物言いは、常に上から目線らしい。でも、**僕に言わせれば、お前のほうが上から目線、いや「月から目線」だろう**が。本当に上から目線なら、選挙で当選するかよ。膠着した現状を打破しよう、現状を改革しようとすれば、当然、改革に反対する人間が出てくる。その人たちからすれば「上から目線」と思われるかもしれないけど、有権者全員に上から目線だと思われれば、選挙で支持されることはない。これが民主政治だ。

この中島も、具体的な政策では僕を批判してこない。橋下は上から目線だ、民主主義に反するの一点張りなんだよね。人のことを上から目線だと、メディアを通じて月から目線で批判してくる藤井や中島みたいな奴らには、当然こちらもそれに合わせたしゃべり方で反撃する。

だいたい、EU離脱のイギリス国民投票やトランプが当選したアメリカ大統領選挙において、自称インテリたちは「自分たちの予測と違う！」と大騒ぎしていたけど、それは自称インテリたちの常日頃の上から目線の態度振る舞いに対して、有権者が大反発したことが主たる原因なんだよ。

中島は、自分の家にテレビ録画機がないのかね。一度自分のしゃべり方を見てみろってんだ。あれだけ上から目線で平然としゃべることができる能力と技術は、たいしたもんだよ。

中島についてはまだ言いたいことがある。**彼は、何かあったらイギリスの政治家で思想家でもあったエドマンド・バーク（1729－1797）を引き合いに出してくる、**

ある種の「バーク馬鹿」である。「改革は漸進的にやるもので、永遠に微調整をやっていくのが保守だ」と言う。

そんなことは、それほど大袈裟に言われなくてもわかっているよ。じゃあどの程度が「漸進」で、どこを超えると「急進」になるのか。「微調整」の「微」はどこまでの範囲なのか。抽象的に語るのは誰にでもできる。でも、現実の課題に照らし合わせて、具体的な改革案を実行してく際に、どこまでが漸進でどこからが急進なのか、どこまでが微調整の範囲なのか確定することなど不可能だ。もう、そんなのは主観や好みとしか言えない領域だよ。

現実的な改革案を評価するには、その中身を具体的に検討して、メリット・デメリットやプラス・マイナスの検証、そして他の選択肢や現状との総合比較衡量をするしかない。すなわち現状や他の選択肢と比べて、どちらが「よりましか」を選択する比較優位の話なんだよね。漸進か急進か、微調整の範囲に入っているかなんていうのは、なんの評価基準にもならず、クソの役にも立たない。

でも中島のような学者には、バーク好きが多くて、現実の課題解決のためにはクソの役にも立たない抽象論ばかりを展開する。こういうことをお勉強するために、たっぷりの時間が与えられているなんて、ほんと羨ましい限りだよ。

そういや中島は、**「改革はグラデーションのように徐々に色が変わっていくものだ」とも言っていたな。お前は詩人か！**

そのグラデーションっていうものを、現実の課題解決のための具体的な改革プロセスをもとに説明してくれよ。プロセスなんだから、徐々に進むのは当たり前。それがどこまでがグラデーションで、どこからが色の断絶なのか言ってみろ。

こういう詩的なフレーズは、現実を目の前にすると、まったく意味をなさないことがはっきりする。

これはグラデーションだから「○」、これはグラデーションでないから「×」なんて議論を現実の政治行政の場でやるわけがない。そこまで言うなら、グラデーションの改革とグラデーションでない改革の区分けの基準を言えっていうの。

中島は、「憲法9条2項の改正は漸進的・微調整の範囲内のグラデーションの改革なので、その改革はOKだ」と言っているけど、漸進的か微調整か、それは中島の主観でしかない。そんな主張をされても、9条2項の改正に絶対反対の立場を取る人は、漸進的や微調整の範囲、グラデーションの改革だとは思わないだろう。

つまり、単に中島自身が憲法9条2項の改正に賛成だから、それは漸進的、微調整の範囲で、グラデーションだと言っているにすぎないんだ。こういうのを後付けの理屈という。

そんな論理で、憲法9条2項の改正を正当化しても、仲間の学者はともかく、多くの有権者は賛同してくれないだろう。**憲法9条2項の改正が正当化されるのは、その改正案が合理的である場合だけ**だ。漸進的か微調整の範囲か、グラデーションなのかは、正当化の理由にはなり得ない。

このように目の前に横たわる現実の課題を無視して、抽象的な理念・理想で物事を語る中島の態度こそを、バークは「進歩主義だ」としてもっとも厳しく批判している。バーク信奉者の中島は、バークが言っていることを本当に理解しているのかね。

さらに、**笑っちゃうことに中島は、自分を「リベラル保守」と位置付けている。**こんなわけのわからないことを言えば、大阪なら「リベラルか保守か、どっちやねん！」

って後頭部を叩かれて突っ込まれるもんだけど、学者の世界ではこういういい加減な主張も通るらしい。

それにそもそも、この**「保守」や「リベラル」という概念ほど現代において無意味な分類はない**よね。いまだに「橋下は保守なのか」「似非《えせ》保守だ」「いやリベラルでもない」とか、しょうもないことを言っている奴は多い。でも、僕は自分を保守だ、リベラルだなんて位置付けるのはまったく無意味で、そんなレッテル貼りからは、有益な政治活動は何も生まれないと確信している。

政治家の仕事は、具体的な課題を、国民の多くが納得するかたちで解決していくことだ。現実の政治行政の現場では、「保守だから○○という解決策」「リベラルだから○○という解決策」という判断をすることはなく、具体的な課題ごとに、有権者の納得する合理的な解決策を目指す。

課題解決、現状打破のためには、具体的な解決案の中身やその合理性が重要なのであって、保守やリベラルという政治家の分類から課題解決のための具体案が導かれることは絶対にないんだ。

トランプは就任早々メディアと喧嘩。でも、馴れ合うよりいい関係だ

長々と、藤井や中島という学者に対して論じてしまった。僕の腹の中に相当溜まったモノがあったんだろうね。

ただ、ここで読者の皆さんのほとんどが名前も聞いたことがないであろう2人の学者についてつらつらと論じたのは、政治家と自称インテリたちは、とことん言論でやり合えばいいということを示したかったからだ。「政治家はお上品にしなければならない」「自称インテリたちからの批判も広く受け止めるのが政治家としての器量だ」なんてことをよく言われるけど、少なくてもメディアを通じてかかってきた自称インテリたちには、政治家はしっかりと反論・反撃したほうが、結局は有権者に対する情報提供になると思う。

だけど、この**政治家の政治的反論・反撃や政治的演説の表現方法について勘違いしてしまった人として、2011年に僕と市長選挙で争った平松邦夫さん**がいる。

ちなみに平松さんは、藤井や中島と親しいようだ。平松さんはアナウンサーとしてMBS毎日放送の顔となり、MBSの役員になり、そして大阪市長に就任。自分こそがインテリだという自負が強い。藤井や中島とはもちろんのこと、また、かつては**関西ではそれなりのポジションにあった神戸女学院大学という大学を奈落の底まで落としてしまった張本人と思われる、内田樹**などとも波長が合うらしい。

僕はこの平松さんから、僕のある政治演説での発言が平松さんの名誉を棄損するとして民事訴訟を起こされた。

平松さんは、大阪市内約330の自治会組織に市役所が渡していた補助金について、領収書を求めない方針を打ち出した。そうしたら案の定、自治会の補助金の使い方について不祥事が続いた。監査機関からも「これは問題じゃないか」と指摘を受けたのに、平松さんは改善しなかった。

この補助金について、自治会側は「領収書添付をするのが面倒くさい」とずっと嫌がっていた。だから、ここで平松さんが「領収書添付不要」とすれば、補助金を受け取る自治会側は、市長選挙のときに強力な援軍となる。

結果、僕と平松さんが争った２０１１年の市長選挙のとき、市内の自治会は平松さんを徹底して応援していた。

僕は市長になって、補助金も税金である以上は領収書を添付するように制度を改めた。もちろん、自治会側は猛反発。

その後、２０１５年の大阪都構想の住民投票になるんだけど、自治会側も平松さんも大阪都構想に反対。だから僕は、タウンミーティングでこの「領収書不要」の経緯を説明した。そのときに僕がやった**「平松さんは領収書抜きに自治会にお金を配った」という言い方が、平松さんの贈収賄や選挙違反を示唆する**として、平松さんは僕に対して名誉棄損の訴訟を提起してきたんだ。

一審は、名誉棄損にはあたらないと僕の勝訴。しかし、平松さんは諦めずに控訴。後日、控訴審も名誉棄損にはあたらないと僕が勝訴した。しかし平松さんはさらに上告。結局、最終的には上告審も僕の勝訴で確定した。

平松さんも政治家をやっていたんだから、政治的な演説の場における政治的反撃・表現はどこまで許されるのかについてもっと勉強してほしいね。

平松さんは僕との市長選に敗れ、その後徹底した反橋下、反維新、反都構想で今も熱い。たぶん死ぬまで「反都構想」「大阪市を守れ！」と言い続けるんだろうね。

藤井もそうだ。**時代が変わり、大阪市役所という役割が変わり、高齢者が亡くなって若い命が誕生するという大阪市の人口構成が変わっても、彼らはずっと「都構想反対」「大阪市を守れ！」と言い続けるんだろうか。**今回の2019年4月の大阪ダブル・クロス選や府議会・市議会議員選挙において、松井さん、吉村さん、そして大阪維新の会を支持した有権者の都構想賛成の意思表示を目の当たりにしても、自分の考えを変えることはないのだろうか。自分の考えこそが正しいと信じ続けるのだろうか。それは哀れだね。

ちなみに、藤井の出演番組も中島の出演番組（現在、出演は終了）も大阪のＡＢＣ朝日放送だ。僕が政治家になる前に、はじめてテレビに出たのもＡＢＣ朝日放送。面白い因縁だよ。

僕が政治家になり、今の立場にあるのは、テレビ出演が基礎にあったことは間違いない。テレビ出演で僕の持論を多くの視聴者に聞いてもらい、僕の顔を知ってもらえたことで、選挙が有利になったのはたしかだろう。そのテレビ出演のきっかけがABC朝日放送であり、他方、政治家になった僕との間で一番問題があった番組もABC朝日放送だ。

別に、ABC朝日放送に恨みはないし、自分の人生を振り返ればチャンスを与えてくれたことに感謝もしているけど、テレビ局という大手メディアは、立法・行政・司法の三権に続く、第四の権力とも言われている。だから政治家と同じく厳しい批判にさらされる対象であり、僕も、政治家時代はもちろん政治家を辞めた今でも、メディアを通じて僕に人格攻撃をしてきたり、小バカにしてきたりした連中に対しては、これまで述べたように、ねちねちと徹底して反撃していく（笑）。

だけど、この本を発刊するにあたり、自分のメルマガをこうやって振り返ると、ほんと自分の性格の悪さを痛感するね（笑）。

それでも、このような**メディア批判、インテリ批判は、ひいては政治をよくするものだ**と信じている。民主国家の政治をよくするには、メディアの質の向上やインテリの質の向上が欠かせない。そのためには、政治とメディアが仲良く馴れ合うよりも、喧嘩をしてでも緊張感溢れる関係のほうがずっとましだろう。どこの世界も切磋琢磨がなければ質の向上はない。自称インテリ同士も同じ。

ダメな自称インテリを退場させ、政治をしっかりチェックし、政治に適切な助言ができる自称インテリを増やすためにも、馴れ合うより、喧嘩をしながらお互いに切磋琢磨すべきだ。僕も今や自称インテリの一員になってしまったので、今後もそのような姿勢で臨んでいく。

だから、トランプ大統領はこれからもメディアとガンガン喧嘩をすればいいし、日本の政治家もメディアとガチンコで喧嘩をすべきだね。そのことが最終的には政治をよくしていくし、メディアを通じて世に大騒動を起こすことによって、現状打破のきっかけにもなると思う。

CASE
6

世界規模の批判にも屈しないトランプは本物の政治家だ

Donald J. Trump

Can you imagine Cryin' Chuck Schumer saying out loud, for all to hear, that I am bluffing with respect to putting Tariffs on Mexico. What a Creep. He would rather have our Country fail with drugs & Immigration than give Republicans a win. But he gave Mexico bad advice, no bluff!

17:04 - 2019.6.4

―――

メキシコへの関税化について、チャック・シューマーは私のハッタリだと触れて回っているが、信じられないよ。まったく変な男だ。共和党に手柄をつくらせるより、アメリカが麻薬と不法移民で破滅したほうがましと思っているのだ。あの男はメキシコに間違ったことを教えている。これは脅しではない。

トランプのおっちゃんが「IS壊滅」を選んだのは正しい！

IS（イスラム国）の壊滅、アサド政権による人権侵害の阻止（アサド政権打倒）、シリアの安定、難民流出の阻止、イラクの安定、中東・アラブ諸国の安定、イスラエルとパレスチナの2国家共存、トルコ・エルドアン政権による人権侵害阻止、西側諸国からのロシアへの圧力……。

挙げればきりがないけど、これらの中東問題での西側諸国の目標を全部達成することは、西側諸国にとっての悲願だ。でも、すべてを一気に達成できるわけがない。だから、「優先順位」を付けるしかないんだよね。

ここで綺麗事を重視する政治家や自称インテリは、すべての目標を達成するかのような演説をする。そしてそれに酔いしれる。でも、結局は何も実現できないものだから、有権者は失望する。これが「綺麗事政治家」のダメな典型例。**本物の政治家はここでシビアな「優先順位」を付ける。**

まず、それを解決することでもっとも高い効果が得られるであろう課題の解決に全力を尽くすんだ。その際、何かを犠牲にする。この「犠牲を覚悟する」ことが、政治の本質なんだよね。

犠牲を覚悟するということは、当然、犠牲を強いられる者から猛反発を受ける。それでも**全体の多くの利益のことを考えて、小さな犠牲を覚悟する**。これって、ほんとしんどいことだよ。僕は大阪というエリア内だけでも、いつもこのような判断にぶつかっていた。

トランプのおっちゃんは、世界規模で、どれだけ批判を受けようが「優先順位」を付ける。もしそれが間違っているなら、有権者が選挙を通じて大統領を代えればいい。

だいたい、自称インテリたちは驕りすぎなんだ。有権者の多数に働きかけることなく、自分の考えは絶対的に正しいから、とにかく俺の言うことを聞けと言わんばかりに政治家を批判する。でも民主政治においては、有権者の多数が納得、理解してくれなければ、物事を進めることはできない。ところが、メディアや自称インテリたちは、自分たちの意見こそが絶対的に正しいと信じ切っていて、多数の有権者を納得させる努力をしないんだよね。

自称インテリたちは、自分の意見とは異なる政治家の考えや多数意見を「ポピュリズムだ！」という一言で全否定し、「自分の意見こそが絶対的に正しい」と押し通そうとするけど、世の中はそんなに甘くない。そんな自称インテリたちの意見に、多くの有権者はついて来てくれない。

トランプのおっちゃんは、世界各国でのテロの危険があるＩＳの壊滅を優先順位の第一に挙げてきた。そのためにはアサド政権を支援するロシアと組む。ということは、トランプはアサド政権を容認するということだ。

アサド政権は、シリア国内では国民や反対派に対して残虐非道の限りを尽くしている。西側諸国はアサド政権を徹底批判し、アサド政権打倒を目指している。しかし、アサド政権は世界各国でテロ行為をするわけじゃない。**世界各国にとって、ＩＳとアサド政権はどちらが現実的な脅威かを考えたら、そりゃ断然ＩＳなんだ**よ。

アサド政権は、「人権」という理念に反している。シリア国内ではアサド政権によって多くの命が奪われている。でも、冷淡な言い方になるけど、それはシリア国内での話だ。世界各国にとっては脅威ではない。

他方、ＩＳは世界各国にとって、テロというかたちで直接的な脅威になる。**アメリカ国民の安全・安心を重視すれば、まずはとにかくＩＳの壊滅**。「アメリカ・ファースト」を掲げるトランプのおっちゃんとしては筋が通っている。

実際、ＩＳを壊滅した場合、世界各国にとってこれほどありがたい話はない。人権という理念を重視するか、それとも自分たちにとっての現実の脅威を取り除くか。ここは判断のわかれ目だけど、僕でも後者を選ぶね。

シビアな苦渋の判断ができるのが真のリーダーだ

そして難民問題。この問題は、「難民すべてを受け入れる」という寛容の精神だけで問題が解決するわけではない。**ドイツのメルケル首相は、「寛容の精神だ！」と綺麗事を言う**けど、「じゃあ難民を受け入れることですべては解決するの？」と問えば、そうではないことがわかる。

トランプのおっちゃんは、難民を受け入れることが、難民問題の根本的な解決策じゃないことがわかっているんだよね。根本的な解決策は、難民を出さないこと。難民を出さないためにはシリアにきっちりとした統治主体をつくり、シリア国内をまず安定させなければならない。

これは、**北朝鮮の金一族を倒すことができない中国の事情**と同じだね。イラクでも、フセイン政権を倒した後の混乱はひどかった。**安定のためには、残虐非道な非民主主義的独裁的政権であっても、その国を統治できる主体が必要だ**という冷徹な判断。トランプのおっちゃんは、そのような判断の結果、アサド大統領にとりあえずシリアを安定させてもらうしかない、それが難民を出さない方法だという結論に至ったのだと思う。シビアな苦渋の判断だ。

その代わり、シリアに「安全地帯」を設けるとトランプのおっちゃんは言った。この安全地帯の意味がまだはっきりしないけど、アサド政権が人権侵害をできないような地帯をつくるというのなら、これこそ難民問題のウルトラCの解決策じゃないか！

欧米から見れば、人権侵害者としてとんでもないアサド政権であっても、ＩＳを壊滅し、シリアを安定化させるためにはアサド政権をやむを得ず認める。その代わり、アサド政権にむちゃくちゃさせないように、シリア内に安全地帯を設ける。もしここでアメリカとロシアががっちり手を組んだら、この安全地帯の安全は、アメリカとロシアが保障する。

今のアサド政権はロシアに命を救われた経緯があるから、ロシアには絶対服従だ。**アサドを認めながらシリアを安定させて難民が出ないようにし、安全地帯を設けてその内の人権を保障する。そしてその安全地帯の安全性はロシアに担保させる。**トランプのおっちゃんの思考回路はこのようなものだと、僕は推測する。

国際政治の専門家でこんなことを言う人間は、皆無だね。自称インテリたちは、ロシアと手を組んでアサド政権容認なんて、そんな西側諸国から猛バッシングされるようなことは口が裂けても言えないだろう。

でも人権という綺麗事を言い続けたこれまでの西側諸国、特に**「難民受け入れ＝寛容」という綺麗事を言い続けたドイツは、シリア・難民問題を何ひとつ解決できなか**

った。綺麗事だけでは、難題は解決できない。下品であっても、犠牲を伴ったとしても、根本的な問題解決に挑むのが政治なんだ。

もちろん、僕の推論が絶対的に正しいかはわからない。トランプのおっちゃんの心情はトランプのおっちゃんのみぞ知る、だからね。それでも、西側諸国から反発を食らってでもアサド政権を容認し、ロシアと組んでＩＳを壊滅し、シリア内に安全地帯を設けてその安全性をアメリカ・ロシアが担保して難民流出を止める、というようなことをトランプのおっちゃんが考えているなら、そしてそれを実行してみせたなら、世界中が「こりゃすげー!!」と認めざるを得ないよね。これぞ現状打破の判断だ。

現状を打破し、達成しなければならない目標が複雑に絡み合う難題を解決するには、適切なプロセスをたどらなければならない。そのためには優先順位の設定と段階を追う思考が必要になる。難題になればなるほど、自称インテリたちが言うような理想に一気にたどり着けることは絶対にない。そして、優先順位の設定には、必ず犠牲を伴う。

苦渋の決断でいったん犠牲を甘受し、次の段階で、それを解決していく。このようなことを繰り返して、最終的に難題を解決する。これが現状打破の鉄則だ。理想論を語るだけでは、何ひとつ解決に向かわず、最悪な現状が維持されるだけだ。

アメリカの課題① 移民問題

トランプが嫌われている理由の一つは、移民排斥にある。「トランプの移民に対しての態度はひどい。あれは差別じゃないか」と言われている。「でも、日本はどうなんだ?」と僕は言いたい。

日本のコメンテーターたちの意見は、「トランプは移民に対して寛容性がない」「排外主義だ」というものばかりだ。でも、**トランプが言っているのは、密入国者、不法滞在者などの不法移民に対してはきちんと対処する**、ということ。ちなみに日本では、密入国者は捕まえたら全員強制送還だ。

つまり、トランプが言っているのは、日本でも当たり前とされていることでしかない。**日本では不法滞在者、密入国者を捕まえたら強制的に国に帰すのに、なぜトラン**

プが同じことを言ったら、日本の自称インテリやコメンテーターたちは批判するのか、僕にはさっぱりわからないよ。

アメリカは移民国家だから、基本的には移民に非常に優しい。まぁ、優しいというより、これまでの移民に対する入国審査、国境管理がずさんすぎたとも言えるけどね。アメリカは移民が国をつくってきたという歴史的な経緯があるから、移民に対してはある意味甘く、そういう政策がずっと取られてきた。それをトランプが疑問に思って、「これからは不法滞在者に対して厳しくいきますよ」と言ったんだけど、世界中から猛批判。

でも、考えてみてほしい。世界には190くらいの国があるけど、密入国者をそのまま野放しにしておく国なんてどこにもないよ。**誰がどの国のトップになっても、「密入国者は許しません。ちゃんと手続きを取ってください」と言う**のが当たり前のことだ。

ところが、アメリカにはもともと密入国者も多いし、アメリカのメディアや学者が「移民に対して寛容であれ」「移民を強制送還するなんていうのは許せない」と言うもんだから、これまでアメリカの政治家は「密入国や不法滞在は許さない」とズバッと言うことができなかったんだ。そんなことを言おうものなら、メディアからバンバン批判を受けるからね。

そうはいっても、アメリカ社会では不法移民が大きな社会問題になっている。なんと、**今のアメリカには不法滞在の移民が1000万人以上いるらしい。日本の場合、不法滞在の外国人は1万人程度**にすぎない。

トランプは「不法移民の中で、犯罪歴のある不法移民は国へ帰す」と言っている。これだけで200万から300万人。でも、トランプはこうも言っている。「密入国者の中にも問題のない密入国者は多い。犯罪歴のない密入国者については、帰すかどうかよく考える。すぐには帰さない」。

これ、日本の対応と比較すればむちゃくちゃ寛容だと思うよ。**犯罪歴がなければ、密入国者であってもすぐには帰さないと言っている**んだから。

ちなみに、**オバマ前大統領は、すべての不法移民、密入国者に市民権を与えようとしていた。**犯罪歴があろうとなかろうと、子どもがいる移民には市民権を与えると言ったんだ。

要件はたった一つ、アメリカ国内で子どもを産んで、現在も子どもがいること。犯罪歴の有無にかかわらず、密入国者とその親にも市民権を与える。

子どもとの関係を引き裂くのはかわいそうだというんだけど、僕に言わせれば、そんなのは綺麗事だ。もしそんなことになったら、メキシコとの国境の管理がずさんなところからどんどん密入国者がやってきて、どんどんアメリカで子どもを産んでしまうかもしれない。

批判を恐れずに言えば、**メキシコからの密入国者には、大量の麻薬を背負って入ってくる人たちも多いらしい。**

そんな不法な密入国者たちがアメリカにやってきて、子どもさえ産んでしまえば市民権が得られるって、そんなの絶対におかしいよ。

それよりも、トランプのおっちゃんの「犯罪歴のある密入国者は帰らせる。犯罪歴がなければ考えます」という考えのほうが、断然筋が通っていると思うね。

ちなみにメキシコからの密入国者はメキシコ人だけではなく、メキシコの近隣諸国からメキシコに密入国して、さらにアメリカに密入国する者も多い。だからトランプは、メキシコにもっと国境管理をきちんとしろと強く要求している。

日本には陸続きの国境がないからピンと来ないところだけど、陸続きの国境を完璧に管理するなんて、ものすごく大変なことだ。国土が広ければ広いほど莫大なコストがかかる。つまり、アメリカとメキシコとの国境を完璧に管理することは難しい。なぜだか世界中から批判されているけど、メキシコに「メキシコの近隣諸国との国境管理をきちんとやってくれ」というトランプの言い分は、至極もっともだと僕は思うね。

国境に壁を造ると多様性が損なわれる、という主張はおかしい

トランプは、アメリカとメキシコとの国境に万里の長城みたいな壁を造るとも言った。それに対して、アメリカでも日本でもメディアは「アメリカとメキシコを分断するのはけしからん!!」と批判した。国境に壁を造るのは、多様性、寛容性のある社会を歪めてしまうってね。

でも、ちょっと待ってくれよ。**国境に壁のない国なんてどこにあるんだ？**

日本はありがたいことに周辺全部を海に囲まれていて、隣国に接していないから、地続きの感覚というのがわかりにくい。でも、他国はほとんど地続きで隣国に接していて、国境の管理を厳格に行っている。そうしないと、犯罪者なんかが隣国を通じてどんどん入国してきちゃうからね。

たとえば、北朝鮮と韓国は地続きになっている。あそこの国境線、**北緯38度の停戦ラインはものすごく厳格だ。一歩でもオーバーしようものなら機関銃で撃たれてしまう**。それが現実なんだ。

それに、日本の国境管理だってむちゃくちゃ厳しいよ。たまたま日本には海があるから、国境に壁を造っていないだけの話。隣の一番近い韓国との間でも、海の深さを壁の高さと同じだと考えれば、日本はとんでもない高さの巨大な壁を持っているのと同じ状態なんだ。そんな厳格な国境管理によって守られて暮らしている日本人が、「トランプがアメリカとメキシコとの間に万里の長城みたいな壁を造ろうとしている」と聞くと、ヒステリックになって反対をする。おかしくないか？

アメリカのポリティカル・コレクトネスの中に「**移民に対して寛容でなければいけない**」「**メキシコとの国境を厳格化しない**」**という一種の不文律**があって、今までのアメリカの政治家は誰もそれに反することを言わなかった。

だけど、本音で言えば、

「国境管理を厳格化するなんて当たり前じゃないの?」

「ちゃんと入国の手続きを経て、犯罪歴のない、悪さをしない人たちだけを自国の中に入れるということなんて当たり前じゃないの?」

「麻薬を持ち込ませない、武器を持ち込ませないためには、国境を厳格に管理するのは当たり前じゃないの?」

というのが、多くのアメリカ国民の声じゃないか。

トランプは、そこをガツンと言って、多くの有権者の支持を得た。

トランプの発言に対してヒステリックになっている日本の人たちにも、アメリカとメキシコとの国境を一度インターネットで見てほしいよ。「これ、本当に国境なの?」と思ってしまうくらい、むちゃくちゃ管理がずさんなんだ。**乗り越えられる高さぐら**

いのフェンスや、ボロボロのトタン屋根の小屋で国境管理をしていて、木の杭にすき間が空きすぎてその間を簡単に人間が通れちゃうところもある。これが、今のアメリカとメキシコとの国境の現実だ。

ある番組で、アメリカ育ちの女性コメンテーターが、「アメリカとメキシコとの国境は今でもきちんと管理されています。だから、わざわざ壁なんて造る必要はないです」と言った。

そうしたら同席していた木村太郎さんが、「そんなことはないよ、ずさんだよ」と言った。木村太郎さんは、かつてアメリカとメキシコとの国境の現場を見に行ったことがあったらしい。だから、乗り越えられないようなきちんとした高さのフェンスがあるのは、テレビ撮影用だと知っていたんだ。でも、そこから2キロぐらい離れると、もうフェンスがなくなっている。

木村さんが「あなたはそれを見に行ったことあるの?」と聞いたら、女性コメンテーターは「現場に見に行ったことありません」と答えていたよ。見に行ったこともないのに、「アメリカとメキシコの間の国境管理は十分だから、さらに壁を造る必要はない」だなんて、よく言えたよね。

僕自身も現場に行ったことはないけれど、ネットで調べただけでアメリカとメキシコとの国境管理がずさんなことはすぐにわかる。**自由に行ったり来たりすることができるし、麻薬の密輸入なんかも平気で行われているんだろう。**

こんな状況を見て、本物の政治家ならどうするか。

解決策は、国境管理を厳格化するという当たり前のことだけだ。トランプは「万里の長城」というインパクトのある言葉で表現したから、全世界に衝撃が走っただけ。実際は、ごくごく当たり前のことを言っているにすぎないんだよね。

アメリカの課題②　イスラム過激派

トランプは、イスラム教についても言及している。

「イスラム教徒は入国させない」と強烈なメッセージを発したんだ。宗教に触れるのは、政治家にとってタブー中のタブーとされている。僕はイスラム教を全否定するつもりもないし、嫌悪するつもりもない。でも現実問題として、中東のＩＳ（イスラム国）は、イスラム思想の一部の過激主義者が行っているのは間違いない。

だけど、**民主党のオバマ前大統領も、トランプと闘った大統領候補のヒラリー・クリントン氏も、テロに対して「イスラム」という言葉は絶対に使わなかった。**これは、「宗教に対して寛容であれ」というポリティカル・コレクトネスによるものだ。ワシントンの政治家の間ではそれが当たり前になっている。

ポリティカル・コレクトネスの「やりすぎな例」を紹介しよう。

かつて**オバマ前大統領は、クリスマスに「ある命令」を出した。**公の施設や政府の施設では、「メリークリスマス」ではなく、「ハッピーホリデー」と言うことに切り替えたんだ。だからアメリカでは、公共施設では「メリークリスマス」とは言われなくなった。公共の施設ではクリスマスツリーも飾れなくなった。なぜなら、クリスマスはキリスト教のお祭りだからだ。

キリスト教徒ではないアメリカ国民に配慮しよう、キリスト教以外の宗教にも寛容であろう、という考えなんだろう。でも、これってやりすぎじゃないの？

この場合は「メリークリスマス」を禁じるよりも、どんなお祝いの挨拶も認める、というやり方のほうがいいんじゃないか？

アメリカという国を守るために命を落とした兵士を祀るアーリントン墓地は、「無宗教」施設とされている。この墓地は、キリスト教でもユダヤ教でもイスラム教でも仏教でも、どんな宗教のかたちで祀ることも許されているらしい。これこそが真の寛容性だと思う。

話を戻すと、アメリカの政治指導者になってテロ対策をするときは、一部の人間たちがイスラム過激主義に走っているという現実を捉えて、その対策を講じていくのは当然のことだと思う。もちろん、イスラム教をすべて否定する必要はまったくないから、「イスラム教徒は全員入国禁止」というトランプの発言はいきすぎだ。

でも、トランプの真意はそこにはないと思う。**トランプは「イスラム教徒は全員入国禁止」という発言で衝撃を与えて、彼のほうに目を向けさせたかったた**んだ。

その後、裁判所から「待った」がかけられたこともあり、政策はどんどん修正され、テロ地域からのイスラム過激主義者とか、経歴がよくわからないイスラム教徒についてはちょっと入国について慎重になる、というところに落ち着いた。イスラム過激主義者がアメリカ国内に入ってこないようにするのは、国家指導者として絶対にやらなきゃいけないことだと思う。

一方、**オバマ前大統領は、アサド政権打倒、イスラム国（IS）打倒、ロシアとは仲良くできない、というすべての目標達成にこだわって、結局なんの中東政策も実行できなかった。**当時のアメリカは効果のない空爆を「とりあえずしただけ」になってしまったんだ。

トランプは、EUから批判を食らうこと覚悟で、シリアのアサド政権は暫定的に認め、その代わりロシアと手を組んでイスラム国を壊滅させると言い、それを断行した。実際、シリア内のISは抑え込まれつつある。

アサドを倒さなきゃいけない、イスラム国も倒さなきゃいけない、クリミア問題でロシアに対しても制裁を加えなきゃいけないというのは、西側のインテリたちが頭の中で考える理想の目標。でも、こんなのを一度に全部達成できるわけがない。政治で重要なのは優先順位だ。**トランプには、一番に優先しなければならないことがわかっている。**

「アサドも悪い」

「ロシアも悪い」

「イスラム国も悪い」

国や組織に対して、悪い悪いと言うのは簡単だ。でも、本物の政治家なら、その悪い者たちを一気に成敗する理想を掲げるんじゃなくて、現実の政治問題を解決するために、解決すべき優先順位をまず考えるべきだ。

最優先事項を決めたら、あとは実行するだけ。理想を口で言うだけではなく、実行しようとすれば、綺麗事だけでは済まないこともあるだろう。どこかと手を組んで、ドロドロした駆け引きをする必要も出てくるだろう。

トランプは、「アサド政権を暫定的に認めながら、ロシアと手を組んでイスラム国を壊滅させてテロをなくす」とはっきり言った。「イスラム国の壊滅、テロの壊滅が最優先事項だ」と。そのためには多少の犠牲は甘受する。

この方針には、綺麗事を重視するヨーロッパ諸国からも、日本からも猛反発を食らったけど、僕はトランプを評価する。

トランプのおっちゃん、ほんと大したもんだよ。

アメリカの課題③　多国間関係

貿易について、トランプは「TPP（環太平洋経済連携協定）」に反対だと言い切って当選している。

「TPP」とは、オーストラリア、ブルネイ、カナダ、チリ、日本、マレーシア、メキシコ、ニュージーランド、ペルー、シンガポール、米国及びベトナムの合計12カ国で交渉が進められてきた、経済連携協定のことだ。東南アジア諸国とアメリカが一緒になって、12カ国で自由貿易協定を結ぶため、8年もかけてやっとルールが決まったものだ。

2010年に開かれたAPECで、20カ国の首脳が集まって「自由貿易を推進していこう！」と合意をし、APECが終わった後に、オバマ前米大統領を含めたTPPに参加する12カ国の首脳が集まって「TPP協定は絶対進めていこうね」と一致団結したんだ。

トランプのおっちゃんに対して本当にすごいなと思うのは、そのわずか4日後にビデオメッセージで「私がアメリカ大統領に就任したその日、TPPからは離脱します」と言い切ったことだ。あのおっちゃん、周りのことを一切考えてないんだよな。これはある意味、すごい政治家だ。世界11カ国を相手に、8年がかりでようやくまとまった計画を蹴ってしまうんだからね。

賛否両論あるとは思うけど、これこそまさに現状打破。ネガティブな言い方をすれば、「ちゃぶ台返し」ってことになるけどね。

僕も知事、市長のときにはちゃぶ台返しをよくやった。2008年2月の知事就任直後に、すでに固まっていた大阪府の2009年度予算を凍結したりしたからね。そこから大改革をはじめて実行した。

自分のことだからといって弁護するわけじゃないけど、現状打破には、ちゃぶ台返しも必要なんだよ。

トランプのTPP離脱に対しては、当然、新聞やテレビ、そこで発言するコメンテーターたちは、「トランプはアメリカ国内のことしか考えていない！」「トランプは保護貿易主義者だ！」「トランプは自由貿易をやめるのか！」と猛批判していた。

でも、これらはまったく的外れな意見だ。トランプがやろうとしたのは、多国間によってルールを決めることをやめて、2国間によって個別にルールを決めていこうということ。自由貿易を否定したわけではなく、2国間で自由貿易のルールを決めていこうというものだ。

オバマ前大統領は「世界全体で貿易を円滑化する」という理想、というか綺麗事を優先して、TPP12カ国の貿易協定を結ぼうとしていた。でも、多国間でそれをやると、アメリカみたいな強い国に対しては、弱い国がみんなで連合を組んで譲歩を迫ってくる。労働者が組合を結成して、資本家である雇用主・使用主に対して迫るのと同じ。

一方、アメリカが2国間で、たとえば日本と直接交渉をしたら、日本はアメリカに対して強く言えないところが多々ある。だって日本は、自らの安全保障をアメリカに委ねているところがあるからね。**強者にとっては多国間よりも2国間で交渉するほうが有利なのであって、だからトランプは「TPPには入らない」と言ったん**だ

アメリカでは、「トランプは貿易に否定的だ」と一斉に学者が批判した。

だけど、そんなはずはない。トランプは商売人なんだから、貿易が重要だということは百も承知しているはずだ。ただし、貿易協定については、自分たちアメリカが不利になる多国間ではなく、2国間で締結すると決意しただけ。

トランプを批判するなら、「反自由貿易はやめろ！」「保護貿易はやめろ！」じゃなくて、「強い国が自分のことだけを考えるのはやめろ！」と「アメリカ・ファースト」の方針を真正面から否定していかなければならない。そして、そのようにトランプを批判するなら、批判する者たちも「自国ファースト」を捨てて、トランプに迫っていかなければならない。だけど、トランプを批判する者に限って、いざ自分の国の利害のことになると、自国ファーストを強調するんだよね。

また、NATO（北大西洋条約機構）についてもトランプは、世界に「ちゃぶ台返

し」の一撃を食らわした。

結成当初、NATOは、アメリカとヨーロッパの西側陣営でグループを組んで、旧ソ連を中心とする共産圏（東側諸国）に対抗するための多国間軍事同盟だった。ただ、**アメリカ以外のNATO加盟国は、今までお金はほとんど出さず、全部アメリカにおんぶに抱っこ。**

他方、歴代のアメリカの大統領やアメリカの政治家も、米軍のヨーロッパ駐留経費やお金の負担の話にはほとんど触れず、いい格好をして「俺たちがちゃんとヨーロッパを守ってやるよ」というポーズを貫いてきた。

でも、**トランプは大統領選挙戦のときに「他の加盟国が金を払わないんだったらアメリカはNATOから抜ける」と発言した。**NATOのルールでは、各加盟国が各国のGDPの2％を防衛費に充てることになっている。ところが、これを守っているのはイギリスともう1カ国だけ。ドイツもフランスも、みんなその基準のお金を負担していない。

だって、NATOからアメリカが抜けるなんて誰も考えてもいなかったから。それまでは、アメリカにただただ頼っていればよかったからね。

トランプの発言の結果は、みなさんご存じの通り。

トランプが当選してわずか1週間で、NATO加盟国のドイツやフランス、イギリスの首脳が集まって「これからは防衛費として、各国がGDPの2%を負担していきましょう」と発言した。これまで**何十年も2%分の金を出さなかったのに、トランプが当選した瞬間にNATO加盟国の2%負担目標が決まったんだ。**すごいよ、トランプ！

他者にルールを守らせるためには、時には力わざも必要

今、**アメリカと中国の貿易戦争が激化している。**トランプが、中国からの輸入品に高額な関税をかけたり、ファーウェイという特定の企業を世界市場から締め出そうとしたりしているんだ。

たしかに、トランプのやり方は強引だ。メキシコに対しては、国境警備をきちんとさせるために、関税引き上げをちらつかせたりもしている。そして、**トランプがいやらしいのは、無茶苦茶なことをやっている割に、きちんとアメリカの国内法に則っているということ**だ。中国に対する関税引き上げは、通商法や通商拡大法に則って。そして、メキシコに対しては国際緊急経済権限法に則っている。武力の行使じゃなくて、使える法律を最大限に使って戦を仕掛けているんだ。

このようなトランプのやり方に対して、「国際秩序を乱すな!」と批判することは簡単だけど、中国が国際ルールを守っていないことはたしかだし、貿易ルールを守らせる国際機関であるWTOが現在機能していないこと、メキシコが国境管理をきちんとしていないこともたしかだ。そして、これらの問題を実際に正そうとした政治指導者がこれまでいただろうか?

だいたい**アメリカの政治家には、「中国けしからん!」と言っている者が多い**。日本の政治家も含め、西側諸国の政治家にだって、中国の態度振る舞いに文句を言っている者がどれだけ多いことか。だけど、彼ら彼女らは具体的な行動は起こさない。政治指導者同士が顔を合わせると、普通はいい格好をして、ニコニコ笑顔の「綺麗事談笑」で終わる。

だから、WTOという国際機関にさまざまな問題があることは、これまで大きく取り上げられることがなかった。そのせいで、中国の貿易や国内政策の不公正さが見逃され、放置されていた。中国の横暴な態度振る舞いも止まらなかった。

トランプはそのような現状を変えようとしている。本気で中国に対峙し、抑え込みにかかっている。そのために、武力行使ではない戦、つまり貿易戦争を仕掛けて大騒ぎしているんだ。

現状を打破するためには、まずは事態を動かさなければならない。口だけではなく、行動だ。実際、トランプの大騒ぎによって、WTOを改革しなければならないという機運が国際政治の場に芽生えてきたし、メキシコ側にも国境管理を厳格化する動きが見られる。中国は、トランプの力ずくの要求に簡単に屈するわけにはいかないから抵抗しているけど、それでもこれまでのやり方を改める必要性は認識しているだろう。

事態が動いたなら、次に正しい方向に持っていくのは世界各国の役割だ。そもそも、このようなトランプの貿易戦争を食い止めることができないWTOに問題があることは明らかだ。これまでのような綺麗事を言っているだけでは、今の事態を正しい方向に落ち着かせることはできないし、WTOの改革も実現できない。トランプに負けないくらいの迫力をもってトランプに迫らなければいけないんだ。

ただし、アメリカに対して、他国が一国で挑んでも勝てるはずがない。だから、複数国でタッグを組んでアメリカに挑まなければならないんだけど、今の国際会議の状況を見ると、そんな雰囲気にはなっていないね。

たしかに、国際ルールに基づく世界秩序は理想のかたちだ。しかしそのルールが不公正なものだったり、ルールを守らない者がいたりする場合に、それらを正していくには莫大なエネルギーが必要となる。

これまで**放置されていた問題を解決するためには、まずはとてつもないエネルギーを注ぎ込んで現状を「動かす」。そして次に、それを「正しい方向に」持っていく。**自称インテリたちが唱えるような理想のかたちが、いきなり実現するわけがない。これが現状打破の鉄則だ。

日本の政治家は絶対にトランプに太刀打ちできない

協定を結ぶとき、強い者が自分に有利な条件を引っ張り出すというのは当たり前のことだ。だからトランプは、当選してすぐ、日本に対して在日米軍の駐留経費の問題を出してきた。**「こら日本。お前らはアメリカ軍に守ってもらいながら、金を十分に出していないじゃないか」**とかましを入れてきたんだ。

今までのアメリカの大統領だったら、そんなことは絶対に言わなかった。いい格好をして、「日米同盟を結んでいる日本を侮辱するような発言をしてはいけない」「大国アメリカが金の話をするなど、はしたない」というのがポリティカル・コレクトネス、綺麗事だったからね。

そこで日本政府は一生懸命、トランプ・アメリカに対して「日本が負担している金額は他国と比べて多い」と説明した。

これはある意味正しい。**アメリカの日本駐留経費のうち、75%を日本が負担してい**

るという計算結果がある。ちなみに、ドイツは50%程度、その他の国では30%程度しか負担していない。

安倍首相との会談で考えが変わったようだけど、当初トランプは日本に「100%負担してくれ」というようなことを言っていた。でも、お金の負担の話は、日米同盟の本質的な部分じゃない。

日本のコメンテーターや学者は、「日本は十分に金を負担している」と言うけれど、**トランプが言いたいのは「血の負担はしているのか?」ってこと**だ。トランプは、集団的自衛権の話を突きつけてきたんだよ。

日本では、集団的自衛権や安倍さんが成立させた安保法制について、「違憲だ!」「立憲主義に反する!」という批判が猛烈にある。だけど、集団的自衛権を批判していたそういう人たちは、アメリカに「我々アメリカ人は、日本が窮地に陥ったときに若い兵士を派遣して、日本のために血を流します。命を懸けて日本のために働き、守る覚悟です。そうであればアメリカが窮地に陥ったときに、日本は命を懸けてアメリカを守ってくれますよね」と言われたらどうするんだろう。

これまで日本は、憲法9条を盾に「集団的自衛権」を否定してきた。だから、**日本の建前では「アメリカのために血は流しません」**となる。

そういう日本の主張について僕は情けないなと思ったけど、日本の国会での議論は象徴的だった。民進党が「アメリカの戦争に日本は巻き込まれていいのか!」「アメリカの戦争に日本の子どもたちが巻き込まれていいのか!」と言って、集団的自衛権に反対していた。

じゃあ、日米安全保障条約によって、日本の戦争に巻き込まれるアメリカについてはどう考えるんだよ。

自分は仲間に守ってほしいけど、自分は仲間を守らない。これほど情けない「自分ファースト」はないけど、こういう自分ファーストの連中に限って、トランプのアメリカ・ファーストを批判するのは、まったく笑い話だよ。

日本が他国からの侵害の危機に陥ったときのことを考えてみよう。日本は、敵を攻撃する能力が低い。日本の自衛隊は核兵器を持っていないし、GPSを使った世界規模の位置情報の衛星も持っていないから、情報収集能力もない。そういうことに関しては、すべてアメリカにおんぶに抱っこ、任せきりの状態だ。

日本の自衛隊は優秀だけど、はじめから爪と牙を落とされた、ほぼ丸腰の状態だ。向こうから迫ってきたミサイルや迫ってきた戦闘機を追い払う能力はあるけれど、敵を攻撃したり、敵のミサイルの発射基地を攻撃したりする能力はない。こういうことは全部、アメリカがやることになっている。

日本は「盾」の役割。米軍に基地を提供して、日本は後方で米軍を支援していく。一方、「矛」として敵を攻撃するのはアメリカの役割ということだ。

僕はアメリカで取材したときに、いろんな人に聞いて回った。

「アメリカが窮地に陥ったとき、日本はアメリカのことを助けられません、それでいいんですか？」と。

そうしたら、「そんなことははじめて知った」「日本とアメリカってパートナーじゃないの？　困ったときに助けるのがパートナーじゃないの？」と言うアメリカ人ばかりだったよ。

普通はそうだよね。一方が「私はあなたを助けます」と言っているのに、相手が「**私はお金は出しますが、あなたを助けません」という関係は、どう考えてもパートナー**

関係じゃないでしょ。

トランプは、そこをバチンと日本に言ってきた。最初は「日本は金を（全額）負担していない」と迫り、金は負担していると日本が説明すると、次は「血の負担をしていない」と迫ってくる。その上で、2国間でアメリカ有利の貿易協定を迫られるんだから、日本はたまったものじゃない。

こんなトランプのおっちゃんに、坊ちゃんお嬢ちゃん育ちの日本の政治家たちが本当に太刀打ちできるのか。僕が恐れているのはそこのところだ。

トランプは差別主義者だとか、女性蔑視者だとか、排外主義者だとか、そんなふうに批判するのは簡単だけど、今一番日本人が考えなきゃいけないのは、あのトランプのおっちゃんに対応できるのは誰なのかということだ。

対等な同盟を求める「トランプ大統領」は日本にとって大チャンス

こう言うと、トランプは日本の脅威のように思われるかもしれないけど、**僕は「トランプ大統領」という存在にある種期待している**ところがある。あの人は日本にすごく厳しいことを言ってくる。だからこそ、それをきっかけに、アメリカの利益が満たされるというより、むしろ日本が目覚める利益のほうが大きいんじゃないか、現状打破ができるんじゃないかってね。

だって、日米安保について不公平だと強く公に言い切ったアメリカの大統領、著名な政治家はトランプがはじめてだよ。実際、不公平だしね。

なんでアメリカ人だけが日本のために血を流すんだ、とトランプはごく当たり前のことを言ったんだ。

日本人は、言ってみれば「夢見る子羊ちゃん」状態。アメリカへの信頼は、子どもが親に抱いている信頼関係とまったく同じで、アメリカが当然日本を守ってくれると信じ込んでいる。それなのに、時々アメリカに文句を言ったりして、まるで子どもが親に反抗しているのと同じだよ。

でも、限度を超えた反抗的態度を取ると、親が雷を落として、子どもはシュンとなる。日本も、アメリカにガツンとやられることが多々あるけど、それもやっぱり親子関係と同じようなものだよね。

でも、親子のような暗黙の信頼関係を打ち破って、トランプが「日米同盟は、不公平じゃないか」と日本に突きつけてきたら、日本人ははじめて本気で自国の安全保障のことを考えるんじゃないか。

アメリカが日米安保でしっかり日本を守ってくれている状況に、安心というか安住して、日本の自衛権の話を棚上げしてしまっているのが現在の日本の状況だ。

アメリカに守ってもらっているという事実を完全にすっ飛ばして、「集団的自衛権はダメだ！　アメリカの戦争に巻き込まれるぞ！」と主張する人が自称インテリに多いけど、トランプに「これからは日本を守らないぞ」と突き放されれば、そういう人たちこそ、日本の自衛権を真剣に考えざるを得ない。単純に「集団的自衛権反対！」とは言えなくなるはずだ。

日本人は、親から自立を求められた子どものように、やっと真剣に自分の身のことを考えるようになるだろう。

だから僕は、トランプ政権の今こそが、日本にとっての大きなチャンスだと思う。「戦後レジームからの脱却」って、ずっと安倍さんが言っていたけど、これまでは「日本がどう脱却するか」という文脈でしか語られてこなかった。

ところが、トランプによって、アメリカからも「戦後レジーム脱却の波」を浴びせられる。すなわちアメリカに守られた安住の地から、無理やり大海原に放り出される時代がやってくる。

「もう日本、知らねえよ。お前ら自分たちでよく考えて、自分たちでやれよ」。そう言われたときに、日本人がどうするか。

集団的自衛権を全否定し、**トランプから在日米軍の撤退を突き付けられたときに完全非武装でいくのか、自主独立でいくのか、金をたっぷり払うのか**。この3つとも、無理がある。

自称インテリたちのように、「日本は十分に金を負担している!!」という主張をしても意味がない。そんな言い訳では、「日本はアメリカを守るために血のコストを負担していない」というトランプからのクレームには、何も答えることができていないからね。

大事なことは、アメリカに対して、日本はどこまで血のコストを負担するのか、自分たちの国を自分たちで守るためにはどこまでの軍事力を持たなければならないのか、をしっかりと考えていくことなんだ。

「軍事力反対！」と叫んでいればそれでいい時代はもう終わったんだよ。まさにトランプが、日本が真の自立した国家に向かうきっかけを与えてくれたようなもので、これこそ、日本にとって最大のトランプ効果だよね。

CASE

7

トランプにしかできない神業的人間関係構築術とは

Donald J. Trump

Sadly, I was forced to cancel the Summit Meeting in Singapore with Kim Jong Un.
9:18 - 2018.5.24

——

遺憾ながら、シンガポールの金正恩との会談はキャンセルせざるをえなくなった。

「モノを知らない」「反知性主義だ」なぜ政治リーダーへの批判は的外れなのか

２０１８年6月12日、シンガポールで史上初の米朝首脳会談が開かれた。

これを受けて、トランプ米大統領の外交について、激しく賛否両論が巻き起こり、自称インテリたちは評論や解説の場で商売繁盛だった。まぁ、僕もそのうちの一人だけどね。

米韓軍事演習の中止は、習近平中国国家主席の提案だったという報道があれば、すぐさまトランプ大統領はそれを否定し、自らの要請だったとツイッターで反論する。アメリカ大統領の意見・考えなどは、以前だったら大手メディアの報道を通じてしか見聞きすることができなかったけど、今やツイッターを通じてそれを直接見聞きすることができるようになった。すごい時代になったもんだ。

その事の真相はわからない。ただし、**トランプが国際情勢を動かすことに挑戦し、**

世界各国がそれに応じざるを得なくなっているという事実がここにある。それが本当にうまくいくのか、失敗するのかは、賭けの部分が大きいんだろうけどね。

自称インテリたちは、事態を動かす必要がないから、賭けに出る必要がない。だから、まあ誰もが反対しないような、毒にも薬にもならない意見を出す。

しかし、政治家は現状を打破し、課題を解決するために事態を動かさなければならない。そのためには多少無茶なことも、また、うまくいくか失敗するか賭けみたいなこともしなくちゃならないんだ。ここが政治家と学者・評論家との違いだね。

単に「いい格好」をしたい政治家は、学者や評論家みたいなお行儀のいいことしか言わず、それで結局事態を動かせず、課題解決先送りになることが多い。

だから、**自称インテリたちが評論・解説しているようなやり方では、北朝鮮問題は大きく動かない**し、何よりも彼ら彼女らの目が北朝鮮の核・ミサイル問題にしか向いていないということも問題だ。

自称インテリたちは、自分の専門分野の視点から物事を見る。そして現実に生じている事態を、自分の専門分野に引きつけて評論・解説する。自分の専門分野が土台になっているから、持論を絶対的に正しいものとして、持論と違うものは徹底的に否定し、問題点のみをあげつらう。

でも、真の政治リーダーなら、そのような思考はしない。物事には常にプラスとマイナスがある。それらを比較し、プラスになる可能性があるなら、自分の考える方向性に向かって突き進むだけだ。

さらに物事は、それ一つで完結しているわけではなく、他の多くの物事と影響し合っている。だから、目の前にある事象だけじゃなく、その事象と影響し合う他の事象もひっくるめて、総合的にプラス・マイナスを判断しなければならないんだ。

ところが専門家の評論、意見なんてものは、自分の専門領域内の一つの事象だけを対象にする。それは全体の事象の中の、ごくごく一部にすぎないんだよね。

もちろん、そのような専門家の評論・意見も重要だ。目の前にある事象から全体の事象を見抜き、その**全体についてプラス・マイナスを判断するためにはどのような専門家の意見が必要なのかを考えて、有用な専門家の意見を集めるのも、政治リーダーのトップマネジメントの柱**なんだよね。

だから、トップ自身が専門家と同じだけの知識を学ぶ必要はない。はっきり言って、トップにそんな時間はないよ。繰り返しになるけど、トップに求められるのは、有用な意見を言ってくれる専門家は誰なのかという「人」を選ぶ能力だ。いったん専門家を選べば、専門的な意見はその人に委ねる。これがマネジメントだ。

トップや政治家がよく勘違いしてしまうのは、自分が専門家になろうとすること。どれだけ頑張っても、その道一筋の専門家に専門的知識で勝てるわけがない。

トップや政治家にとって重要なのは、総合判断の力だ。有用な専門家を選んで、専門家同士で議論をしてもらい、あとは腹にストンと落ちる意見を採用する。これがトップや政治家に求められる役割なんだ。

だいたいね、学者や自称インテリたちが、「モノを知らない」「反知性主義だ」と政治リーダーをバカにしながら、偉そうに開陳する彼ら彼女らの意見や考えなんて、お役所ではすべて把握しているし、既に十分な議論をしているものがほとんどなんだ。

日本の**役所組織の能力のすごさというのは、組織幹部の上位者や、最終的には知事や市長などのトップに就いてはじめて認識することができるものだ。**

ヒラ職員はもちろん、そこそこの中間管理職のポジションでも、役所組織全体の力なんて認識できない。だって、組織の力を結集した最後の「成果」はトップしか見ることができないからね。組織の一員は、トップに上がる最終段階以前の案しか見聞きできないし、自分の周辺の上司や同僚、部下の力しか見えない。ましてや、組織の部外者である学者や自称インテリたちが、その組織全体の力を知ることなんてできないんだよ。

大阪府庁や大阪市役所のトップを経験した僕の認識では、テレビや新聞などで自称インテリたちが偉そうに述べているくらいのことは、すべて役所組織は把握し、十分に勉強・議論している。当然、知事・市長の僕のところにまで、その報告は上がってきている。

そして、僕も役所の幹部や担当者たちと十分に議論し、検討した上で、トップとして決断していた。ある学者やある自称インテリの意見を採用しないにしても、それは「知らない」からではなくて、十分検討した上で「採用するに値しない」と判断したからなんだよ。

こういう事情は、役所組織の部外者である学者や自称インテリたちにはまったくわからないだろう。**僕に採用されなかった意見を持つ学者たちは、「橋下はバカだ」「橋下は分かっていない」「私の意見こそが絶対的に正しい」と大騒ぎをする**けど、それはあんたたちの意見が採用するに値しないと判断したからなんだよ。

もちろん、そのトップとしての決断が間違うことはあるかもしれない。だけど、組織トップの政治リーダーに対して、「モノを知らない」「知識がない」、それこそ「アホだ、バカだ、反知性主義だ（これも本来の使い方とは違うんだけど）」と批判することは、自称インテリたちの思い上がりだ。**お前らが言っていることくらい、こっちは十分検討した上で判断しているんだよ！** と言いたいね。

トップはそれなりに必死になって悩み、考えているんだ。

政治リーダーに対して批判をするなら、トップの苦悩を理解しつつ、それでもおかしいところは厳しく指摘し、どのような判断・方法を採るべきかを具体的に提案すべきなんだよね。

でも、ほとんどの自称インテリたちは問題点だけをあげつらって、「どうすればいいのか」という具体的な提案をしない。提案したとしても、役所内で既に議論し尽くして、現実的に実行不可能だということで却下されるような提案ばかりだ。

観念の中だけで生きる人たちには、現実が見えない。**観念的には正しいことでも、現実的には実行不可能だということは山ほどある。**それは憲法や法制度上の障害で実行不可能になることもあれば、政治的に反発を受けることが理由となって実行不可能になることもある。

自称インテリたちは、こういうところへの想像が及ばない。観念的に正しいことは、すべて実行可能だと錯覚してしまっている。このような実行可能性の点については、現実的な政治行政の世界で生きている政治家や役人による検証が必要不可欠なんだよね。

政治リーダーや組織トップを批判するなら、リーダーやトップの視点に立って、事象全体を把握する必要がある。そして何か提案するなら、現実の実行可能性もしっかりと考える必要がある。自分の専門分野に閉じこもり、観念のみで持論の正しさを主張して、政治リーダーを批判しても、まったく意味がない。

さらに相手を評価するのに一番やってはいけないのは、評価相手についての好き嫌いをもとに、好きであれば悪いところすべてに目をつぶって全部を肯定、嫌いであればいいところにすべて目をつぶって全部を否定するという態度だ。

僕の経験からすると、僕のことを嫌いだという理由で、僕がやってきた実績をすべて無視して、僕がやることなすこと何から何まで全部否定するという学者や自称インテリたちが非常に多かったね。

超Aクラスの交渉人、トランプ氏のノウハウはこんなに役に立つ!

トランプのことを嫌いな人は、世界中にたくさんいると思う。でも、**好き嫌いを脇におけば、トランプの政治的態度振る舞いは、実践的な交渉をする者にとって役立つ**ことが非常に多い。観念の世界に生きる者ではなく、現実のビジネス社会に生きる者には大いに役立つと思う。

たとえばビジネスを進める上では、相手の好き嫌いはある意味どうでもいいことだ。成果がすべて。その視点から見ると、トランプの交渉術には現状を打破し、成果を出すノウハウが詰まっている。ゆえに、トランプの好き嫌いは別として、そのノウハウはしっかりと学ぶべきだろう。

激しい利害損失がうごめく現実の交渉の場では、トランプ的態度振る舞いが効果を発揮することが多い。

僕も政治家になる前の弁護士業務において、激しい交渉を数え切れないほどやってきたけど、正直「トランプが交渉相手だったら面倒だな」と感じるよ。**交渉人にとっては、相手から「面倒だな」と思われるのが最高の栄誉で、逆に「楽だな」と思われた時点で失格**なんだよね。

そういう意味で**トランプは、ビジネスの世界では交渉人としてピカイチ。それも超Aクラスだ**と思う。まぁ、そんなことを僕が言わなくても、普通のビジネスマンなら、誰でもそう感じるだろうけどね。反対に、観念の世界で生きる学者たちには、トランプの能力のすごさはまったくわからないだろう。

破産という意味すごい経験を2度しながらも、現在、ニューヨークなどで不動産事業を営み、自分の名前を冠した高層ビルを建てて、あのニューヨークで一等地中の一等地に立つ高層ビルの最上階を自宅にしている。ゴルフ場付きの自分の別荘では、安倍晋三首相とゴルフを堪能して日米首脳会談。世界には、「トランプ」の名を冠した不動産が存在する。

そういや、大統領選挙のときには、「TRUMP」という文字が大きくペイントされた大型ジェット機を自分で用意して、全米を飛び回っていたよね。彼は、このように普通の人じゃできないことを、「現実に」ちゃんとやっているんだよ。

2017年、**ワシントンに行ったとき、僕はどんなものかとトランプホテルに泊まったんだ。**かつての中央郵便局をリノベーションしたホテルで、趣味に合うかどうかは人それぞれだけど、それでもワシントンでは最大規模の立派なホテルだ。半端なく地価が高いワシントンの中心地にあって、巨大な吹き抜け空間を贅沢に使ったホテルだった。

このホテル、「外国の政府関係者が宿泊した場合には、彼ら彼女らが払った宿泊料はすべてその外国人の属する国の駐米大使館に寄付する」という仕組みになっているらしい。

以前、ちょっと問題になったけど、アメリカ大統領は「外国政府に支配されたらダメだ」という理由で、外国政府関係者からお金をもらうことはできない。このようなルールはだいたいどこの国にもあるんだけど、大統領が経営するホテルに外国政府関係者が泊まった場合にどうするのか。

明確なルールがないなかで、トランプはその宿泊料を、その外国人が属する国の駐米大使館に寄付することにしたらしい。**タダでは泊まらせないけど、自分は利益を得ない**。よく考えているよね。

ちなみに僕は日本維新の会の国会議員団とワシントンに行ったから、僕らが支払った宿泊費は、駐米日本大使館にすべて寄付されたらしい。

トランプのおっちゃんは、ぐちゃぐちゃ文句ばっかり言っている自称インテリなんかよりも、はるかに世の中の役に立つことをやっているよ。

トランプ式交渉術では、交渉相手との人間関係はこう築く

交渉相手との個人的な人間関係を緊密にすることに関しても、トランプのやり方は神業だと思う。これは人間としてのキャラクターがものすごく影響してくるところだけど、このキャラクターづくりもある種の計算が必要だ。トランプはその点、しっかり計算しているよ。

彼の特徴は、個人的な関係が必要だと感じた相手に対しては、特に直接対面したとき、徹底して相手を持ち上げるということにある。ここまで言うかよ！　というくらいに持ち上げるよね。

彼の手法が神業的なのは、激しく喧嘩をした相手にも、コロッと態度を変えて、喧嘩の激しさに比例して丁寧に敬意を表するところだ。もちろん、本心はどうかわからないけど、表面的にはそのような態度振る舞いを徹底的に行っている。

彼のこのような態度振る舞いは、彼と対面することもない第三者にとっては、不誠

実で異常な精神の持ち主であるように映るかもしれない。特に自称インテリたちにとってはね。

でも、自称インテリたちはそんな心配をしなくてもいい。あんたたちは、トランプと直接交渉するチャンスもなければ、会うチャンスだってないんだから。

もちろん、真のプライベートな友人関係を形成する場合だったら、トランプのような態度振る舞いは逆効果かもしれない。でも、トランプが今形成している人間関係は、国益と国益が激しくぶつかり合う国際政治における、国家指導者間の人間関係だ。プライベートな友人関係とはまったく違う。

そんな関係だから、時には激しく対立し、喧嘩状態になることもあるだろう。特に、国家間の交渉時、相手にプレッシャーをかけながら交渉するのがトランプの常套手段。相手の弱みを的確に突くやり方なんだ。

通常、国家の指導者間では、儀礼的な態度振る舞いが主軸になる。まさに国家の指導者にふさわしいとされる、お坊ちゃん、お嬢ちゃん的な態度振る舞い。ポリティカル・コレクトネスに包まれた、綺麗な態度振る舞い。自称インテリたちが好むやつだね。

でもそれは、ほとんどが形式的・挨拶的な態度振る舞いであって、相手に対して失礼にならないことを第一に考えているだけ。それでは、現状を打破し、国家間の課題・事態を自分に有利に動かすことにはつながらない。

しかし、国家間の交渉に限らず、現状を打破し、**交渉によって事態を自分に有利に運ぼうと思えば、相手を「脅す」か、相手に「利益を与える／譲歩する」か「お願いする」しかない。**

トランプのように、「脅し」を多用する交渉手法でもっとも重要なのは、脅しながらもギリギリのところで交渉相手との人間関係は維持していくということだ。

これはとんでもない高度なテクニックで、普通はこんなことできないよ。相手を脅せば、普通は人間関係が決裂する。そこで、なお力で押し込んでいくのは素人の交渉人だ。脅しながらも決裂しないようにするのがプロの交渉人。

また、国家の指導者間の関係では、最後には戦争になり得る危険性がある。そうならないよう、最後にはきちんと交渉でまとめたいと思っているのであれば、たとえ交渉の途中で相手と激しい喧嘩をしても、決定的な人間関係の決裂にはつながらないような態度振る舞いが必要になる。

そこで**トランプは、自分の部下や政府組織には、相手ととことん喧嘩をさせる。**場合によってはトランプ自身も、ツイッターなどで相手にプレッシャーをかける。しかし、そうかと思えば、歯の浮くようなお世辞も平気で言う。そして直接会った相手には、丁寧な態度にとどまらず、とことん相手を評価し、持ち上げ、信頼するような態度を取る。

特に、その**国家指導者との個人的な信頼関係が最後はモノをいうような非民主主義国家の指導者に対しては、歯の浮くようなお世辞を連発するん**だ。

他方、どれだけ国家指導者間で口喧嘩になったとしても、国と国との関係が最終的に決裂することはなく、ましてや戦争になることも絶対にない民主主義国家の指導者に対しては、厳しい対応を取り、そのまま放っておくこともある。

よく考えてるよ。

さっきも言ったけど、このトランプ的態度振る舞いは、真のプライベートな友人関係を形成するためのものではない。激しく交渉することを前提に、ギリギリのところで決定的な決裂を避けるための態度振る舞いだ。

結局のところ、トランプの根っこはビジネスマンなんだ。だから、政治の世界においても、ビジネス上の付き合いと、プライベートな付き合いは別だと割り切っているんだろう。

トランプは中国に対して、これだけ激しい貿易戦争を仕掛けているのに、表では「習近平主席は友人だ」と言うことを憚らない。だから、これだけ無茶をやられている習近平も、「トランプは友人だ」と言わざるを得ない状況になっている。

格下の人間に対して「効く」トランプ式人間関係構築術

また**トランプは、個人的な人間関係の形成が必要だと感じたら、相手のポジションや格なんかをまったく気にせず、直接、対等な関係を築こうとする。**

2018年6月の金正恩労働党委員長との初会談における態度振る舞いが、まさに、そうだったよね。

トランプは世界最強のアメリカの大統領。金正恩は東アジア最貧国の北朝鮮の指導者で、しかもトランプの半分くらいの年齢だ。それでもトランプは偉そうな態度や雰囲気をまったく出さず、むしろ自分のほうが下手に出て、親しみやすい空気を演出していた。

普通だったら、相手に弱さを見せないように肩ひじを張ってしまうところだけど、**トランプは「金正恩といつから友人なんだよ！」と突っ込みたくなるくらい、柔らかい雰囲気を出していた**よね。北朝鮮は自国内で、金正恩がトランプと対等に渡り合っているような映像をプロパガンダとしてガンガン流すだろう。

ほんと、トランプは達者だなと感心したよ。

こういうことはメンツや儀礼・格式などを重んじる、政治や自称インテリの世界にどっぷり浸かっている者にはなかなかできない芸当だ。トランプが「交渉を成立させることが第一」と割り切れるビジネスマンだからこそできる態度振る舞いだと思う。

トランプは、国連総会で金正恩のことを「チビでデブのロケットマン」と罵り、対

する金正恩はトランプに「狂人の老いぼれ」と返していた。戦争に突入するのではないかと危ぶまれたくらい激しく対立しておきながら、直接会えばトランプは金正恩を褒めに褒めまくり、「信頼できる人間だ」「才能のある人間だ」「あの歳で国を引っ張るというのはたいしたもんだ」と持ち上げた。そして、いつでも相互に直接電話ができるようにと、電話番号の交換もしたらしい。

それに比べて、オバマ前大統領のような人間は、北朝鮮くらいの国の指導者にわざわざ自分が会う必要はないと感じるのだろう。綺麗事が好きなオバマ前大統領タイプの人は、普段は「人間は平等だ！」とか言っておきながら、人間の「格」というものを気にするんだ。

他方、トランプのような現実主義タイプの人間は、そんなものよりも、交渉の成果を重視して、相手の「格」などは二の次になる。

だから、トランプは首脳会談において、金正恩をバカにしたような態度は一切取らなかった。全世界が注目している会談において、金正恩に対して威勢のいいことをまったく言わなかったんだ。

もちろん、そんな態度振る舞いのなかでも、「トランプらしさ」をふんだんに盛り込んでいたのはさすがだ。金正恩が話し終わった後に、トランプは親指を立てるポーズ。やりすぎにならない程度に、金正恩の肩や背中に触れるコンタクト。昼食のデザートには一緒にハーゲンダッツのアイスクリーム（金正恩がハーゲンダッツのアイスクリームを食べている姿を想像するだけで笑ってしまうよ）。散策途中には、アメリカ大統領専用車両「ビースト」の内装を金正恩に自ら説明。

金正恩を丁重に扱うんだけど、決して彼を神格化しない。自分をわざと優位なポジションに見せるのではなく、相手を抱き込みながらお互いを庶民目線まで降ろしてくる。全体的な雰囲気として、「若い金正恩を優しく大きく包み込むトランプ」を演出してみせた。決して偉そうにはしないんだけど、それでもトランプのほうが上だな、という印象を世界に与えたよね。

それに対して、金正恩との会談の直前に参加していたG7首脳会談は、トランプはとっとと早めに切り上げていた。「時間の無駄だ」とまで言い放った。権威ある（と自称インテリには思われている）G7首脳会談を、ここまで罵ったアメリカ大統領はかつて存在しない。しかも「G7首脳宣言は認めない」と言い放ち、議長国である**カナダ首相のトルドー氏には「弱虫め！」とツイッターで悪態をついた**。

トルドー氏が自分を強く見せるためか、G7首脳宣言にかこつけて、議長声明としてトランプ批判を強烈に展開したことに対してトランプはやり返したんだけど、カナダ首相に対するあの悪態が、金正恩に対する丁重さをさらに引き立たせていたね。

これから激しく厳しい交渉をしなければならない相手に対して、自分のキャラクターを全力で売り込み、最後はトップ同士で話を付けることができるような環境だけは整えておく。これこそが国家の指導者、政治リーダーの役割だ。

これは、自称インテリたちが1万人束になってもできないことだね。

ちなみに、2019年2月に行われた2度目の米朝首脳会談は「決裂した」と報じられた。だけど、北朝鮮の非核化なんて、そんな簡単にできることじゃないよ。これまで約25年以上にもわたって、国際社会も、各国の政治指導者も、みんな失敗してきたんだから。たった2回の米朝首脳会談で、しかも数年ぽっちで、そんな理想が一気に実現するわけがない。

北朝鮮の非核化に向けて現状を打破するためには、まずは原則に則って、莫大なエネルギーを投じて事態を動かすことだ。**トランプは、徹底した軍事的圧力をかけることで、戦争寸前までボルテージを上げて事態を動かした。**

その次は、事態を正しい方向に持って行くこと。トランプは、さまざまな反対意見を振り切って、米朝首脳会談を実行した。

協議はこれから、まだまだ続くだろう。トランプは北朝鮮に圧力をかけ続けている。しかしその一方で、金正恩のことを褒めたたえ、人間関係が切れないようにしている。金正恩もトランプとの人間関係までは切れないから、トランプに書簡を出す。そしたらトランプは、「**金正恩から心温まる美しい手紙がきた！** これから前向きなことが起きる！」と嬉しそうに記者会見で述べる。裏ではガッツンガッツン、プレッシャーをかけているのに。ほんと、たいした交渉人だ。

こういった態度振る舞いのトランプについて、その人間性を批判する自称インテリは多いけど、本当に人間的に欠陥があるなら、家族、特に子どもは離れていくよ。何度か離婚はしているようだけど、トランプには今のところしっかりと家族がついてきている。

それに、本当に人間的に問題があれば、支持者を必要とする政治家なんてそもそもやっていられない。

僕も政治家時代は、人間性を徹底的に批判されることも多かった。もちろん僕は自分でも、道徳的に立派な人間だとは思っていない。行儀も悪いしね。それでも、妻と7人の子どもたちがついてきてくれている。

ちなみに父の日には、7人の子どもからの寄せ書きと、特別ブレンドのコーヒー豆をもらって、長男が早速コーヒーをドリップしてくれた。

いつも思うんだよね。**政治家をやっていくには、途方もない数の支援者が必要になる。**その支援者には、選挙のときに票をもらうだけでなく、ボランティアで動いてもらうこともある。さらに、プライベートの友人もいる（僕の場合は数は少ないけどね）。

何が言いたいかというと、「橋下の人間性は最低だ！」と罵ってくる自称インテリに限って、友達や支援者が少なそうな風貌をしているんだよ。彼ら彼女らを見ると「自分の仕事を犠牲にしても、こいつのためにボランティアでとことん働いてやろう」と思ってくれる友人や知人がいなさそうに見えるんだよね。でも、そういう奴に限って、他人の人間性をとやかく言うんだよ。

僕は、たしかに人間的に立派なわけではない。だけど、僕の人間性を否定してくる自称インテリ連中よりも、まだ周囲の者を惹きつける人間性というものを持っている自信がある。

「お前らよりも、多くの人から信用されているよ！」と、言ってやりたいね。僕を批判するなら、人間性を罵るんじゃなくて、政策を具体的に批判してこいっていうの！

CASE

8

トランプと金正恩との間に芽生えたある種のリスペクト

Donald J. Trump

North Korea fired off some small weapons, which disturbed some of my people, and others, but not me. I have confidence that Chairman Kim will keep his promise to me, & also smiled when he called Swampman Joe Biden a low IQ individual, & worse. Perhaps that's sending me a signal?

18:32 - 2019.5.25

北朝鮮が何発か小型兵器を発射した。私の閣僚やらの中には気にいらんという者もいるが、私は別にそんなことはない、金委員長は約束を守ると信じているよ。それに彼がスワンプマンのジョー・バイデンを「IQが低いか、もっとひどい男」と言っていたので笑ってしまった。私へのある種のメッセージじゃないかね。

トランプが仲介者である中国から「奪ったもの」とは？

自称インテリたちのなかには、**2018年6月の米朝首脳会談の中身はスカスカだと批判する者が多い**。非核化に向けての具体策が何もなかったのが理由らしい。でも、そういう批判をする連中は、厳しい交渉の実務というものがわかっていない。

だいたい、今回のトランプ・金正恩会談なんて、太平洋戦争に突入する直前の1941年頃、日本の指導者とアメリカの指導者が直接会談するようなものだよ。東条英機首相とフランクリン・ルーズベルト大統領との直接会談。

その場では懸案事項すべての解決に至らなくても、東条とルーズベルトの両者が笑顔で握手して、肩や背中に触れ合い、アイスクリームを食べているところを想像してほしい。そして、**ルーズベルトが嘘でも東条英機を「素晴らしい指導者だ！」と褒めちぎっている姿も想像してほしい**。

そんな会談があれば、確実に今の歴史の教科書に載っているだろうし、もしかすると世界史の流れを大きく変えたかもしれない。こうやって東条英機とルーズベルトの直接会談の意義を強く感じることができるのは、現実にはそのような会談は行われず、悲惨な太平洋戦争が勃発したからなんだ。悲惨な太平洋戦争が勃発しているからこそ、東条英機とルーズベルトの会談が実際に行われたらどうだったかという歴史の「if」を常に考えてしまい、そしてその意味の大きさを強く認識してしまう。

しかし今は、アメリカと北朝鮮の戦争が起きていない段階だ。だから、トランプと金正恩との今回の首脳会談の意義が強く認識できないだけなんだ。もしこの米朝首脳会談が実現せず、アメリカと北朝鮮が戦争になってしまったら、「あー、あのときにトランプ・金正恩会談をやっていればよかったな」と世界中が後悔するだろう。まさに、東条とルーズベルトの会談のように。つまり、**今回の米朝首脳会談は、それぐらい意味のある会談だった**んだよ。

国家の指導者、政治的リーダーの最重要使命は、戦争を避けることだ。外交の主目的も、戦争を避けることにある。そして戦争を避けながら、自国の利益を追求する能力こそが、国家の指導者にもっとも求められる能力であり、それができる指導者が最優秀指導者だ。綺麗なフレーズを吐きちらすだけで、行動と結果が伴わない指導者は最低だ。

尖閣諸島をめぐって、日本と中国が緊張関係になった。尖閣周辺の海では、日本の海上保安庁と中国の海警局、さらには中国軍との衝突の危険が生じている。その現場で間違いが起きないように、日中間で連絡メカニズムをつくっておこうと、かれこれ数年間議論されてきた。今般、やっと一部そのメカニズムができつつあるけど、このように対立関係、緊張関係にある国同士においては、意思疎通をはかるメカニズムがどれだけ重要か。そして、その意思疎通をはかるメカニズムの最高峰のものは、国のトップ同士の意思疎通メカニズムだ。

トランプは、北朝鮮の最高指導者と、個人的な関係を築くことにチャレンジし、一定の成果を出した。世界最強の国であるアメリカ大統領からあのような丁寧すぎる態度振る舞いを受けて、世界最貧国の一つである北朝鮮の指導者・金正恩は悪い気はしなかっただろう。

アメリカ大統領は選挙によって交代する。金正恩には、トランプが選挙で負けるか、任期満了まで我慢しておけばなんとかなる、という計算が働いているのかもしれない。だけど、金正恩は、トランプからの連絡を無下にはできない強烈なプレッシャーを感じたと思う。

このように、組織のトップ同士が直接コミュニケーションを取ることのできる関係を築くことは、組織同士の交渉においては最強のツールだ。組織間での交渉決裂、さらには激しい紛争事態に陥ることを防ぐための唯一の手段だと言ってもいい。**大きな組織になればなるほど、その組織同士の交渉には、トップ同士の意思疎通の環境をつくっておくことが重要**になる。

もちろん、トップ同士がちょっと会談をしたからといって、一気に物事が解決するわけではない。米朝関係も、これからが勝負だ。

ポンペオ米国務長官と金英哲北朝鮮労働党副委員長が2018年7月6日に協議をしたようだけど、アメリカの思惑通りには進んでいないらしい。北朝鮮側も必死になって交渉に臨んでくるから、そう簡単には進まないだろう。それでも、トランプと金正恩が直接、意思疎通をはかることのできる関係にあることは、戦争という最悪の事態を防ぐための最強のツールなんだ。

さらに、トランプと金正恩が直接意思疎通をはかることができる関係になったことは、対中国の関係でも重要な意義を持つ。

「他者の力に頼り切ることは原則ご法度」というのが交渉の鉄則。ところがトランプは、これまで金正恩と直接コミュニケーションを取ることができず、その部分は中国に頼っていたところがある。つまり、中国には弱みを握られていた状態だ。

でも、今後トランプが金正恩と直接コミュニケーションを取ることができるようになれば、中国に対してその部分での弱みはなくなる。現にトランプは、米朝首脳会談後、中国に対して、強烈な貿易戦争を仕掛けている。

米朝首脳会談を、北朝鮮との関係だけで捉える専門家には、会談を設けたことが単なるアメリカの譲歩にしか見えないんだろうけど、**中国との関係も見据えると、米朝首脳会談は今後中国に頼らなくてもいいという意味で、アメリカが強い武器を持ったことになる**んだよね。

さっきも言ったけど、交渉の鉄則は、「他者の力に頼り切らないこと」。トップ同士のコミュニケーションを、他者の仲介に頼り切るのは良くない。他者に弱みを握られることと同義だからだ。

交渉にあたっては、トップは自らの力で、トップ同士がコミュニケーションできる環境をつくるべきだ。そして激しい交渉になればなるほど、トップ同士がコミュニケーションできる環境の重要性は増していく。

「独裁的」な指導者とのパイプを特に重視せよ

成熟した民主国家においては、国家の指導者が独断でなんでもかんでもできるわけではない。独断ができないように権力分立が憲法上きっちりと定められているし、独断すればメディアや世間から猛批判を受け、普通はそれに耐えることができない。

だからこそ、トランプのおっちゃんの強烈すぎる政治的振る舞いには、逆にある種の感心を覚えてしまう。よくやるな、ってね。

批判するのは簡単だけど、アメリカのような民主国家において、あそこまでのことは普通の政治家ではできないからね。もし、トランプがやっていることがダメなら、選挙で交代させればいいだけ。**民主国家では、あの「敵なし」に見えるトランプでさえ、選挙一発で大統領の座から引きずり降ろされる。**選挙というものはすごいエネルギーを持っているんだ。

他方、金正恩をトップの座から引きずり降ろすには、熾烈な内戦を経なければならない。ほんと民主国家の選挙ってありがたいよね。「今の選挙は機能していない！」とその問題点だけをあげつらう自称インテリたちには、北朝鮮にでも行ってもらいたいよ。

トランプのおっちゃんは、成熟した民主国家同士では、トップ同士の関係が少々悪くなっても大丈夫だと踏んでいるんだろう。民主国家のトップが戦争を起こすことはまずないし、**自分ほど独断で無茶苦茶なことをやってくるトップもいないだろうと踏んでいる。**

民主国家においては、メディアや自称インテリたちの綺麗事に左右される政治指導者が多いから、国家間において何か重要な課題や紛争が生じても、指導者同士の緊密な個人的信頼関係に頼らずに、政府組織対政府組織の関係でなんとか収まると見ているんじゃないかな。

そういうトランプ的思考の中で、日本の安倍晋三首相は例外的な位置付けにあるようだ。それには、次のような理由がある。

２０１６年11月、トランプが大統領選挙で当選したとき、西側先進国の国家指導者は誰も喜ばなかった。むしろ距離を空けようとしたり、批判めいたことを言ったりする者が多かった。ところが**安倍さんだけは、真っ先にトランプの自宅であるニューヨークのトランプタワーに駆け付けた**んだよね。この点、「トランプに媚びを売りすぎだ！」と批判する日本の自称インテリが多かったけど、僕はそうは思わなかった。

自分が苦境のときに手を差し伸べてくれた相手には最大限の感謝をする。これはまさに実社会で苦労を重ねてきた者の特徴だ。逆に、政治の世界では、救いの手を差し伸べても、恩知らずな奴がほんと多いよね。実業家として苦労してきたトランプは、当選直後、世界中から批判を浴びている最中に真っ先にニューヨークまで来てくれた安倍さんには感謝し、その個人的関係を大切にしているのだろう。

だけどトランプは、ある者と個人的な信頼関係を築いたとしても、仕事上の交渉はビジネスと割り切って、個人的な人間関係とは切り離して振る舞うこともあるだろう。これも交渉人の典型的特徴だ。だから、この交渉人の特性を逆に利用して、安倍さんは交渉においてもっとトランプと激しくやり合えばいいと思う。そうしたらトランプも、「望むところだ」と交渉を楽しむだろう。そして、お互いの交渉結果の出来不出来を肴にして、二人で反省会を楽しむんじゃないかな。

個人的な人間関係と交渉事を切り離すのが交渉人の原則だけど、それでも最後の最後は、個人的な人間関係をもとに泣き付けば、その点は配慮してくれるというのも交渉人の特徴の一つだ。ただし、配慮の見返りはきっちりと求められるけどね。

他方、成熟した民主国家ではなく、最後は国家の指導者の個人的な力量によって国家が運営されるような国の指導者相手には、とことん個人的な関係を築いていくのがトランプ流だ。これも交渉人の典型的特徴。交渉相手がワンマン会社であればあるほど、そのトップとの個人的関係が重要視されるのと同じだね。

そのような国を相手にする場合の鉄則は、国同士、政府組織同士は激しく対立しても、トップ・指導者同士ではギリギリの個人的関係を維持することだ。**トランプは、北朝鮮の金正恩、中国の習近平、ロシアのプーチン、トルコのエルドアン、フィリピンのドゥテルテ、サウジアラビアやエジプトの国家指導者などと個人的な人間関係を築いている。**

これらの人物は、綺麗事を重視する西側諸国からはウケが悪いが、成果を重視するトランプは、これらの人物を押さえておけばなんとかなると考えているのだろう。僕もそう思う。

戦争などによってその独裁（的）国家を倒さない限り、「独裁国家を認めるな！」と綺麗事のフレーズを叫んだところで何も変わらない。それなら、いざというときのために、その指導者たちとギリギリの個人的関係を築いておこうというのがトランプらしい現実的な判断だ。

もちろん、その独裁（的）国家を倒すとなれば、そんな国の指導者には見向きもしなくなるんだろうけど。

２０１８年６月の米朝首脳会談の直前に行われたＧ７首脳会談では、トランプはロシアを引き入れて「Ｇ８首脳会談」にする提案をしたらしい。さらに、西側ヨーロッパ諸国が徹底批判しているロシアによるクリミア半島併合について、トランプが理解を示したという報道もあった。**「クリミア半島ではロシア語をしゃべる人が多いんだろ？」**と。

これがある意味、クリミア問題の核心部分なんだよね。クリミア半島は、ウクライナとロシアのどちらに帰属することが妥当か。**クリミア半島をウクライナの元々の領土だと決めつけていないところがトランプらしい。**この発言にプーチン・ロシア大統領は大喜びだろう。西側ヨーロッパ諸国との関係がどうなろうとも、プーチン大統領はアメリカとの関係がよくなればそれで十分で、ここはチャンスと見ているはず。と思ったら、早速米ロ首脳会談の話が持ち上がって、僕も驚いたよ。

トランプは、プーチン大統領に対してずっと敬意を表してきた。「オバマ前米大統領よりはるかに頭がいい」なんてことも言っていたしね。そういうメッセージを出し続けているからこそ、シリア問題においてもアメリカとロシアに決定的な対立は生じなかった。**国と国が、政府組織と政府組織が激しく対立しても、トップ同士の個人的関係が築けていれば、なんとか収まる。**

そういえば、2017年4月にアメリカがトマホークという巡航ミサイル59発をシリアにぶっ放したときも、アメリカはロシアにきっちりと事前通告をして、ロシア兵に被害が出ないようにしていた。細やかな配慮だ。

そうかと思えば、2018年4月、ロシアの大臣クラスが「シリアに向かうアメリカからのミサイルは迎撃する！」なんて威勢のいいことを言うと、トランプはツイッターですぐに、**「ロシアよ、準備しておけ！　高性能なミサイルが行くぞ！」**なんてかまして、米英仏で本当に105発の巡航ミサイルをシリアにぶっ放した。

それ以前には、西側ヨーロッパ諸国の主張に乗っかって、ロシアへの追加経済制裁をやったり、外交官の相互追放をやったりしている。でもこういうことも、トランプとプーチンとの間に相互のある種のリスペクト（敬意）の関係があるからこそ、できることなんだよね。決定的対立に陥らないことを相互に認識した上でのやり合い。まあ、本気の打撃をしない、寸止めの空手みたいなものかな。

トランプがサウジやエジプトを責めない理由

オバマ前大統領の綺麗事の人権尊重フレーズによって険悪な関係になっていた、中東・アラブの盟主であるサウジアラビアやエジプトとの関係も、トランプになってから回復しはじめている。

トランプは、あえてサウジやエジプトの人権問題を取り上げない。そのことで西側ヨーロッパ諸国から批判が出ようともお構いなし。2018年10月、サウジアラビア政府関係者がトルコにおいて自国の記者を殺害し、それについて世界はサウジアラビアを猛批判しているのに、トランプはサウジアラビアの皇太子を徹底的に責めない。そしてこれらの強力な中東・アラブの盟主の味方を得ながら、中東・アラブ諸国から猛批判が出るようなイスラエル政策を進めていく。

トランプは、聖地エルサレムをイスラエルの首都に認定し、駐イスラエル・アメリカ大使館のエルサレムへの移設を実行した。こんなことは、これまでのアメリカ歴代政権では絶対にできなかったことだ。

もちろん、サウジアラビアやエジプトが成熟した民主国家であれば、たとえその国の指導者との個人的関係を密にしたとしても、アメリカのこのようなイスラエル政策に対しては、サウジアラビアやエジプトの国民から猛反発を受けるに違いない。でも、独裁的国家の場合には、政治指導者さえ押さえれば、その国の国民の反発を抑えることができる。ああ見えてトランプは、常に冷静・冷徹・合理的な判断を行っていると思う。

さらに、**サウジアラビアやエジプトに関しては、人権問題を取り上げないことと同時に、サウジの敵であるイランに対して、徹底した敵対姿勢を取った。**西側ヨーロッパ諸国に批判されようが、アメリカはイランとの間に交わされた核合意から離脱し、イランに厳しい経済制裁を科した。

イランとの核合意からの離脱が、世界から批判を受ければ受けるほど、アメリカの核合意離脱を望んでいたサウジに対して恩を売れる。そしてサウジは一層強くアメリカの味方となり、アメリカは中東・アラブ諸国に対して強気のイスラエル政策を展開できる環境となる。

人権というフレーズだけでは、なんの事態も動かせない。相手が反発したら、それでおしまいだ。**トランプは綺麗事のフレーズにはこだわらず、敵味方をきちんと見定め、誰をどのように味方にすれば、事態を動かすことができるのかを冷静・冷徹・合理的に見ている。**

逆に言えば、味方にする必要がない者は容赦なく斬り捨てる。**上っ面の「友好」「親善」「協調」を重視していた国家指導者のサロン的な関係には浸からない、というのがトランプ流**だ。

ＥＵの今の混乱は、上っ面の「友好」「親善」「協調」を重視してきたことが原因だと思う。「協調が大切だ！」と綺麗事を言っておきながら、ＥＵ加盟国の各国が、結局は自国の利益を一番に考える態度振る舞いをするから混乱がやまないんだ。

本当に協調が大切だと言うなら、「自国の主権の制限が必要だ！」「お金のあるところから、お金のないところへの移転（財政調整）が必要だ！」と言わなければならない。だけど、ＥＵ加盟国の指導者たちは、自国内で猛批判を食らうことを恐れてそんなことを言わないし、もちろん実行もしない。結局、綺麗事を言うだけで、ＥＵの課題は何一つ解決せず、混乱は増幅するばかりだ。

僕は、世界から猛批判を受けてでも、現状を打破するために自分の考えをしっかりと主張し、事態を動かすことにチャレンジするトランプのほうが政治家としては誠実だと思うし、交渉人としても力があると感じる。

だいたい、トランプが今やっていることのほとんどは、大統領選挙のときに公約として掲げていたものばかりだ。トランプは公約の実行に全力をあげている。もし、トランプの考えが間違っているなら、選挙で国民が審判を下せばいいだけだ。自称インテリたちの考えが絶対的に正しいわけじゃない。

政治家は、掲げた公約を意地でも実行するのが使命であり、最悪なのは公約を掲げるだけで実行しない口だけの政治家。公約を実行して最後は選挙の審判に委ねる。これが現状を打破する政治家の姿勢だ。

激しくやり合う相手だからこそ、リスペクトの関係を

僕は、**トランプがやっていることがすべて正しいと言うつもりはないけど、トランプの味方づくりにはいつも感心している。**交渉人は交渉を成功に導くために、味方を得ておく必要がある。味方をつくるには、自分の立場を明確にし、味方に対してはサポートを求めると同時に、こちらもサポートを提供する。これが同盟関係というやつだ。

しかし、味方になったからといって、交渉で手加減するわけじゃなく、味方だからこそ、厳しい交渉を仕掛ける場合もある。

交渉人にとって毒にも薬にもならない態度振る舞いは、曖昧な立場・ポジションの維持だ。そんなことをしても、敵が増えないだけで、自分の力になってくれる味方も増えない。

綺麗事を言う人は、普段は、世界平和だ、人類皆兄弟だ、人間主義だ、と言いながら、自分の価値観と合わない者を徹底して排除するんだよね。ところが**トランプは、成果**

が出るかどうかの視点ですべてを呑み込んでいく。西側諸国が批判する人物であっても、成果が見込まれるなら個人的関係を築いていく。

西側諸国から批判を受ける人物が、西側諸国の批判をものともせずに手を差し伸べてくれるトランプに対して、感謝の念を強く抱くのは当然だ。そしてそのような人物は、たいてい個人の力で国家運営を取り仕切ることのできる非民主国家の指導者であることが多い。この指導者だけを押さえておけば、その国との懸案事項はなんとか解決できる、というキーマン。

このような味方を増やすために、トランプは手段を選ばない。聞いているこっちのほうが恥ずかしくなるくらいに相手を褒めちぎる。

こんなアメリカ大統領は、いまだかつて見たことがないよ。だいたい、政治家というのは自分が一番だし、**国家の指導者ともなれば自分のメンツを重視するから、他国の指導者のことをそんなに褒めたりはしない**。ましてや、世界最強の国であるアメリカの大統領なら、なおさらだ。

ところがトランプは、相手を褒めるわ、褒めるわ。

そして、自ら国家運営を切り盛りするのでもなく、激しい政治闘争をするのでもないのんびりした政治家たちは、命を狙われながら激しい政治闘争を生き抜き、国家運営を担う政治家に共感を持ち得ない。**命を狙われながら国家運営をしている者同士にのみ、ある種の共感が芽生える。**このような共感の芽生えは、命を狙われるような体験のない学者やコメンテーターなどの自称インテリたちには絶対にわからないところだね。

前述のように**トランプは、20代後半で北朝鮮という超独裁国家の国家指導を担い、現在30代そこそこで世界を相手に、特にアメリカ相手に大立ち回りを演じている金正恩の苦労とその能力を、率直に評価している**のだろう。プーチンや習近平、ドゥテルテ、エルドアンに対してもそのような評価をしているんじゃないかな。そして、彼らは相互にある種の共感を得ているのだと思う。もちろん、政策では絶対に譲れないというところで、バチバチに対決するんだけど。

交渉人として重要なことは、交渉人同士に、ある種の共感・リスペクトを芽生えさせることだ。トランプは、そのような交渉の鉄則を地でいっている。

このようなトランプ外交を口だけで批判することは簡単だ。しかし、トランプ外交について、交渉の鉄則の視点から検証をすれば、どれだけ激しくやり合っても、最後は戦争にはならない指導者間・トップ間の個人的関係を築くトランプ外交のすごさ、辣腕ぶりがわかってくる。

この点、「そもそも、激しくやり合うようなことをしなければ、戦争になる可能性もないのだから、トランプのような外交をする必要性はない」と批判する自称インテリも多いだろう。そのようなインテリたちは、世界中に横たわっている無数の課題について、その解決のために現状を打破するチャレンジの必要性を何も感じない人たちだ。

課題を解決しようと思えば、時には相互に激しくやり合う必要が出てくる。単純な話し合いでは解決しない課題というものが、現実社会には無数に存在する。自分たちの損得にかかわらない問題であれば、自称インテリたちのおしゃべりのような話し合いで収まるのかもしれないが、国益と国益が激しくぶつかる問題になればなるほど、激しいやり合いが必要になってくる。

そして、**激しいやり合いになればなるほど、トップ同士、指導者同士、交渉人同士の、綺麗事を抜きにした個人的信頼関係が重要になる。**トランプは、そのことをよく知っている。

橋下徹（はしもと・とおる）

1969年6月29日	誕生
1988年3月	大阪府立北野高等学校卒業
1994年3月	早稲田大学政治経済学部卒業・司法試験合格
1997年	弁護士登録。 翌年、大阪市北区で橋下綜合弁護士事務所を設立し、独立
2003年4月	『行列のできる法律相談所』にレギュラー出演開始
2008年1月27日	大阪府知事選。183万2857票を獲得し、圧勝
2008年2月6日	大阪府知事就任。38歳での就任は当時全国最年少
2009年	世界経済フォーラム（ダボス会議）のYoung Global Leadersの1人に選出
2010年4月19日	大阪維新の会創設
2011年11月27日	大阪市長選。20万票の大差をつけて勝利。 40年ぶりに市長選で投票率が60％を超える
2011年12月19日	大阪市長就任
2012年9月28日	日本維新の会設立。その後、日本創新党、太陽の党が合流
2014年3月23日	大阪都構想を焦点とした出直し選挙で勝利
2015年5月17日	大阪都構想の賛否を問う住民投票。得票率差1％未満で否決される
2015年12月18日	任期満了で大阪市長を退任。政界引退。現在に至る

トランプに学ぶ
現状打破の鉄則

2019年8月11日　第1刷発行

著者　橋下 徹

発行者　長坂嘉昭
発行所　株式会社プレジデント社
〒102-8641
東京都千代田区平河町2-16-1　平河町森タワー13階
https://www.president.co.jp
https://presidentstore.jp
電話　編集(03)3237-3737　販売(03)3237-3731
編集　大高志帆　面澤淳市　小倉健一
販売　桂木栄一　高橋 徹　川井田美景　森田 巌
末吉秀樹　神田泰宏　花坂 稔
撮影　市来朋久
制作　佐藤隆司(凸版印刷)
装丁　ニルソンデザイン事務所
印刷・製本　凸版印刷株式会社

 ISBN 978-4-8334-5148-2
Printed in Japan

落丁・乱丁本はおとりかえいたします。